罗马斗兽场

拉斐尔的《西斯廷圣母》

罗列达诺肖像

仕女乔凡娜别尼肖像

佛罗伦萨的天际线

名画《雅典学派》

百花大教堂

壁画《创造亚当》

达·芬奇的画作《维特鲁威人》

米开朗琪罗的《大卫》

天才的摇篮

文艺复兴时期的意大利

公元1400—1550

游戈◎主编

江苏凤凰教育出版社
Phoenix Education Publishing, Ltd

图书在版编目（CIP）数据

天才的摇篮——文艺复兴时期的意大利 / 游戈主编. -- 南京: 江苏凤凰教育出版社, 2014. 7
（穿越时空系列）
ISBN 978-7-5499-1641-2

Ⅰ. ①天… Ⅱ. ①游… Ⅲ. ①意大利 – 通俗读物 Ⅳ. ①K546. 320. 9

中国版本图书馆CIP数据核字(2012)第059618号

书　　名 天才的摇篮——文艺复兴时期的意大利
主　　编 游　戈
责任编辑 严明瑗
出版发行 凤凰出版传媒股份有限公司
江苏凤凰教育出版社（南京市湖南路1 号A 楼邮编210009）
苏教网址 http：//www. 1088.com.cn
集团网址 http：//www.ppm.cn
印　　刷 北京九天志诚印刷有限公司
厂　　址 北京市大兴区黄村镇西芦城黄鹅路西
开　　本 787 ×1092毫米　1/16
印　　张 14.25
版　　次 2015年8月第1版　2015年8月第1次印刷
书　　号 ISBN　978-7-5499-1641-2
定　　价 29.80元
邮购电话 025 – 85406265，85400774，短信02585420909
E-mail jsep@vip.163.com
盗版举报 025-83658837

前言

preface

漫步在意大利的大街小巷，感受艺术的气息。大卫雕像、大教堂美轮美奂的壁画和精致的雕刻……所有的一切都让人们驻足、陶醉，人们在欣赏的同时也不得不钦佩艺术家的精湛技艺。这些伟大的艺术作品并不是凭空产生的，而是经历了一场伟大的革命——文艺复兴。具有冒险精神的欧洲人将自己的事业扩展到亚非等地区之后，加上本国贸易的兴盛发展，资本主义迅速发展，但新兴的资产阶级不得不面对这样一个困境：封建势力的阻挠。封建教会及封建君主为了维护自己的势力和权力，颁布了各项法令限制工商业的发展，想以此遏制资本主义的迅速发展，维护自己的统治。新兴资产阶级不甘于这样，危机感渐生，为了维护自己的统治，他们迫切需要进行一场革新，扫清资本主义发展道路上的阻碍。但仅仅依靠他们的力量，在国内进行大规模的战争是不现实的，这样不仅会对经济造成一定的破坏，还会造成动乱，使邻国乘虚而入，引起经济的倒退，于是新兴资产阶级采取了迂回路线，在文化领域进行了一场革命，继而又波及政治、经济领域。文艺复兴如火如荼地展开，意大利新兴资产阶级、开明君主积极为人文主义者献计献策，大大扩大了其影响。

前言

史学界认为，文艺复兴是新兴资产阶级为了扫清封建势力在艺术领域发起的一场以复兴古希腊、罗马文化为由的革命。也就是说，文艺复兴是资产阶级为扫清封建势力的阻挠而发起的一场革命。从中世纪开始，封建教会为了加强自己的统治，向人们宣扬来世思想及禁欲主义，让人们认为自己来到这个世界是为了赎自己前世犯下的罪过；对于苦难人们应该忍受，这样在死后才有机会进入天堂，享受永世的欢乐。在这种思想的控制下，整个欧洲死气沉沉，人们忍受着现世的苦难，期盼死后能够进入天堂。但到了新世纪，文艺复兴在意大利悄然兴起之时，这种思想成了绊脚石。于是人文主义者采取各种手段，比如在文学、绘画、雕刻、建筑各个方面彰显人文主义思想，使人们摆脱封建教会枷锁的束缚，让人们相信人生而平等，没有阶级之分，人生在世应该充分享受现世的快乐，肯定人自身的价值。

本书首先向读者展示了文艺复兴时期意大利的全貌，从文艺复兴兴起的背景，到文艺复兴在意大利发生的原因，以及政治、经济、社会等人文环境和意大利所处位置、民风等方面，帮助读者初步了解当时的意大利。接着本书又介绍了文艺复兴的重镇——佛罗伦萨。万事皆有因，文艺复兴之所以发生在这座城市除了得益于其得天独厚的地理条件之外，还得益于美第奇家族的支持。我们现在称这个家族是佛罗伦萨文艺复兴的赞助人。这个家族中的成员都有赞助艺术家的传统，很多艺术家都是在他们的赞助之下才享誉整个意大利的，比如大家熟悉的米开朗琪罗，他就是在美第奇家族开设的雕刻学校学习了雕刻的技艺，并且得到了美第奇家族的赏识，慢慢地在意大利乃至整个欧洲有了不小的影响。既然要描述文艺复兴的全貌，自然离不开文

前言

学、雕刻、绘画、建筑等。当时的艺术家通过自己的努力不仅形成了自己的艺术风格、理想，还传播了人文主义思想，为意大利留下了一座又一座艺术宝库。要完成文艺复兴，除了新兴贵族的支持，当然也离不开那些伟大的艺术家。作为文艺复兴的首倡者，但丁将人文主义思想传播到了意大利的各个角落。之后的彼特拉克和薄伽丘用自己手中的笔将现实社会真实地呈现在人们面前，进一步将人们从沉睡中唤醒，将人们从封建愚昧的束缚中解放出来。

“文艺复兴三杰”——达·芬奇、米开朗琪罗、拉斐尔都是全能型的人才，不仅精通绘画而且在雕刻、科学等各方面都有很好的建树。达·芬奇、拉斐尔的宗教画，米开朗琪罗的雕刻，均让人惊叹不已，他们用自己有限的生命创造了灿烂辉煌的艺术世界。从他们的画作中，人们可以感受到他们浓浓的创作热情与激情，体会到他们的艺术精神。这种精神将会一直传递下去。

但文艺复兴不会一直存在下去，17世纪之后，文艺复兴慢慢在意大利消失，转而影响到其他各国，在欧洲其他国家掀起了一场资本主义性质的革命，而这场革命大大加速了资本主义的发展，影响了欧洲乃至世界的进程，所以说意大利的文艺复兴不只是一场文艺界的运动，也是一场影响整个世界进程的革命。

目录

contents

第一部分　点燃文艺复兴之火

第二部分　文艺复兴时期的亚平宁

一部分

点燃文艺复兴之火

文艺复兴运动发源于中世纪晚期的佛罗伦萨，15世纪后半期，由意大利开始传播到法国、西班牙、德国、尼德兰、英国等国，直到16世纪，文艺复兴才在西欧诸国兴盛起来。文艺复兴首先在意大利爆发绝不是偶然的，其中有很多必然的因素。与其他同时期的欧洲国家相比，意大利有着更优越的条件，使它成为那个时代文艺复兴酝酿的温床。

文艺复兴的心脏——佛罗伦萨

第一章

文艺复兴的爆发

文艺复兴爆发的历史背景

西欧的中世纪，人们习惯称之为“黑暗的时代”。当时整个社会的精神支柱是基督教会。教会专门制订了一套严格的等级制度，认为上帝拥有绝对的权威，神圣不可侵犯，所有的文学、艺术、哲学的发展都必须遵循教义——《圣经》，任何人都不得违背。一旦有人违抗，宗教法庭就会依据教理对其治罪，甚至可以判处死刑。《圣经》引导人们相信人性本恶。它告诉人们人类的祖先是亚当和夏娃，由于他们没有遵守上帝的禁令，私自偷吃禁果，因而触犯了教规，人类作为他们的后代，就要世世代代赎罪，生而为人，终身受苦，不能有任何欲望，只有这样，才有机会在来世进入天堂。在这种黑暗教会的管制下，中世纪的艺术毫无生机，如一潭死水，科学技术也没有一丝的进步与发展，再加上“黑死病”在欧洲的蔓延，很多人因此丧生，而教会对“黑死病”却束手无策，从而引起人们内心的恐慌。慢慢地，人们开始质疑神学的权威，资产阶级又急于摆脱宗教束缚，于是一场

借助复兴古希腊、罗马文艺的反宗教运动悄然兴起。

中世纪后期，多方因素催生了资本主义的萌芽。资本主义的萌芽标志着商品经济发展到了一定程度，经济发展到了一定阶段。商品经济的平台是市场，市场的运转主要依靠择优选购、讨价还价、成交签约等。它们都是斟酌思量之后的自愿行为，完全根据自己的想法决定，可以说是自由的表现。当然，这些自由的前提是生产资料所有制的自由。有一点需要注意，所有这些自由的共同前提是人的自由。这时候什么地方存在自由，什么地方就能快速得到人们的认同，而意大利恰恰是最先呼唤自由的地方。

资本主义的萌芽为文艺复兴运动的兴起提供了可能。城市经济的繁荣，成就了许多事业成功、财富巨大的富商和作坊主及银行家。在成功面前，他们更加坚信个人的价值和力量，更加欣赏勇于创新的冒险精神。在这种环境下，高雅博学的知识分子受到了人们的尊重，而这一切成了文艺复兴在意大利爆发的物质和社会基础。

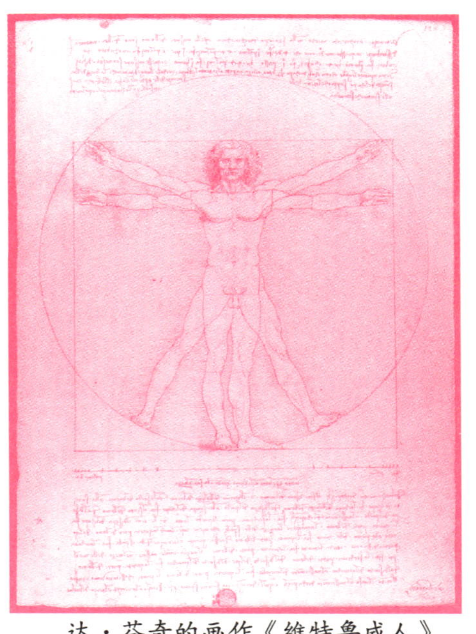

达·芬奇的画作《维特鲁威人》

在资本主义萌芽的同时期，欧洲人的冒险事业也在渐渐扩张，甚至扩张到了亚洲和

美洲。一些环地中海城市在原来贸易的基础上逐渐发展、繁荣。这些贸易城市出现了一个普遍的现象——世俗的力量开始取代宗教的力量。自罗马帝国开始，意大利就十分敬畏教会，但资本主义萌芽使得商业资本急剧膨胀，于是社会上出现了市政厅、交易所、为商业贵族建造的别墅及很多世俗建筑。新兴贵族考虑到自身的立场，开始对人文艺术进行巨额投资，其规模远远超过了之前他们对宗教和封建势力的投资。

文艺复兴蓬勃兴起

资本主义的出现形成了社会相对富裕的条件和活跃的气氛，最终文艺复兴蓬勃兴起。在建筑上，真正出现了“建筑师”这一职业。之前，社会上并不存在建筑师这个称谓，从事这类工作的人被称为工程师、木匠或者石匠。随着文艺复兴的发展，建筑业日益兴盛，急需大量的专业人才，自然而然加速了“建筑

鲁昂法院的庭院

师”的产生。建筑师不再把建筑作为一种以往经验的体现，而是将自己所学的理论和文化倾注到建筑物当中。正如那个时期赋予建筑师的内涵一样：他们是建筑师、画家、绘图师……建筑师的出现，给当时社会的思潮和文化注入了一股活泉，带来了全新的艺术理念。

从罗马帝国没落到文艺复兴兴起这段时间，建筑与文化的联系越来越紧密。文艺复兴之后，建筑思想和人文思想紧密结合，逐渐演变成一种非偶然的人为行为。这个时期形成了一种对建筑的全新理解，并深深影响了之后的各个流派。再加上环地中海贸易的影响，一些来自威尼斯、佛罗伦萨等地的学者有机会接触到了伊斯兰等国家保留下来的古希腊、罗马的文化思想。这些思想对建筑的影响是巨大的。如果单以建筑造型而论，古代数学家激发了建筑师们更多的灵感。古代数学家认为世界可以解构成一个个数学模型，数学模型完美地勾画出了大自然和人类的美。在文艺复兴时期，建筑师将数学模型的知识运用到建筑当中，并将其发挥得淋漓尽致，创造出了众多为后人所称颂的艺术作品。

之前提到，随着贸易的繁荣，古希腊和古罗马的文明得以在欧洲重现。在古希腊和古罗马文化中成就最高的当属文学艺术。古希腊、古罗马时期，人们享有充分的言论自主权，这与黑暗的中世纪形成了鲜明的对比。古希腊和古罗马文明重现欧洲的原因还与当时的战争有很大的关联。有学者认为，这些艺术品和书籍是在十字军三次东征期间被发现的，也算是战争的纪念品。它们被浩浩荡荡地搬回来，并搁置在了教堂的地下室，无人问津，后来不知什么原因得以重见天日。当时很多学者被古罗马的艺术、文学所震撼，开始极力传播，并抱有很大的期望，希望自己能再次达到古罗马的成就。不过，也有学者不赞成这个说法，他们认为，14世纪末，由于信仰伊斯兰教的奥斯曼帝国入侵东罗马导致东罗马的学者四处逃窜，他们携带大量的古希腊、古罗马时期的艺术品及文学、艺术、哲学、历史等方面的书籍逃往西欧避难。其中一些东罗马的学者为了生存，在佛罗伦萨办了一所专门教授希腊辉煌历史和文化的“希腊学院”。古希腊辉煌的过去使资本主义看到了自己的明天。于是，很多西欧的学者开始奔走呼吁，要求复兴古希腊、古罗马时期的文明，这种呼吁如一阵清风，迅速吹遍了整个西欧，文艺复兴顺势而起。

第二章

文艺复兴在意大利

文艺复兴发生在意大利的必然性

文艺复兴运动发源于中世纪晚期的佛罗伦萨，15世纪后半期，由意大利开始传播到法国、西班牙、德国、尼德兰、英国等国，直到16世纪，文艺复兴才在西欧诸国兴盛起来。文艺复兴首先在意大利爆发绝不是偶然的，其中有很多必然的因素。与其他同时期的欧洲国家相比，意大利有着更优越的条件，使它成为那个时代文艺复兴酝酿的温床。

意大利是一个拉丁民族国家，也是罗马帝国的皇亲贵胄的所在地。在罗马帝国辉煌的时候，欧洲其他地方还属于蛮夷之地，但意大利却是一个例外。它继承了罗马的高贵血统，身上流淌着“罗马市民”养尊处优的血液。而当时的艺术家为了能够被资助，展现自己的艺术才能，就必须要投靠一批有能力且愿意为他们投资的养尊处优的人。欣赏和制作一流的艺术作品的前提是要经济宽裕，试想一个山野村夫，整天为生计奔忙，怎么会有伟大的想象力和艺术细胞?

当时的意大利可以称得上是欧洲最有教养的民族，这种教养与意大利民族的深厚的历史文化底蕴有着密切的关联。意大利人异常聪明，思维敏捷，这一点可以从《剑桥中世纪史》的记载中看出来。书中提到，中世纪末期的意大利人受教育程度比较高，懂人性，擅长政治。意大利的学者们不是一味地关起门来搞学问，而是与宫廷建立了良好的关系，慷慨地将自己的学识贡献给宫廷。

文艺复兴的主题是复兴古文明，宣扬资本主义。意大利民众的生活态度在一定程度上促进了文艺复兴的产生。当然，这并不能真正解释文艺复兴为什么首先发生在意大利。不同的学者对此有着不同的理解和解释。除了前面讲过的生活习惯因素之外，我们还可以从以下几个方面对此进行探讨。

第一，意大利是最早出现资本主义萌芽的国家。10世纪后期到11世纪，欧洲的城市才开始兴起，而意大利的一些城市，特别是那些和东西方有贸易联系的城市，早在8世纪就慢慢发展起来，到了12世纪，在商品经济的刺激下，意大利北部出现了热那亚、威尼斯、佛罗伦萨等大批工商业繁荣的城市。14世纪时，人数超过5000人的城市很多，这些城市很多都在意大利，其中米兰、威尼斯、那不勒斯、佛罗伦萨、波伦那、罗马、热那亚等地的人口都在50000人左右。资本主义萌芽的标志是手工工场的产生。14世纪初，意大利的许多城市的商业和手工业都非常发达，佛罗伦萨就有200多个专门从事呢绒生产的手工工场，总雇工超过30000人，每年织成的呢绒有100000多匹。除了呢绒产业，还有皮毛业、丝织业、医药业等，这些产业大多具有资本主义性质。繁荣的经济意味着坚实的物质基础，而文学艺术的发展需要坚实的物质基础做后盾。手工工场和商业的发展，在一定程度上促进了新

新富阶层的代表——一个怀抱银貂的贵妇人

兴资产阶级的形成。基督教的核心是“原罪”和“灵魂救赎”，主张实行禁欲，过贫穷和单身的生活，这样的要求对于资产阶级来说，是束缚，所以资产阶级一旦形成，便会急切地要求打碎封建神学的枷锁，而要达到这种目的就需要具有革新意识的人文主义者的支持。人文主义者只有在雄厚的经济基础之上以及新兴资产阶级的支持和推动下，才能不断地创造出具有革新精神和批判意识的作品。

第二，意大利教会势力的衰落有利于文艺复兴的发展。13—14世纪，法国国王的权势逐渐扩大，国王对法国的教会实行政治上控制、经济上剥夺的政策，逐渐削弱了教会的实力。到法王菲力四世时，国王不仅向教会征税而且还派兵到意大利将曾经与他发生冲突的教皇卜尼法斯囚禁起来。1305年，意大利新选出的教皇是法国人。新教皇宣布取消卜尼法斯的罪名并释放了他。过了6年，教廷被迫搬到法国境内的阿维农，使教皇受制于法王，长达70年，历史上称之为“阿维农之囚”。在这种情况下，教皇无论是在政治上还是在思想上都无法再对意大利进行十足的控制，这种松懈无疑为人文主义者思想的自由发挥

创造了良好的环境。

第三，意大利政治上的分裂给文艺复兴提供了契机。13世纪时，意大利还没有形成统一的国家，四分五裂，城市联盟众多，互相之间战争频繁，内部争斗激烈。尤其是在意大利的北部，存在着许多互相争战的城邦。较为强大的是米兰、佛罗伦萨、比萨、锡耶纳、热那亚、费拉拉和威尼斯。再加上教皇和神圣罗马帝国之间对霸权的争夺，意大利北部被进一步分割。每一个城市都独立存在，并且会与其他城市结盟。尽管战争频繁，但当时的意大利基本上没有外敌的侵入。这些城邦由于人口的限制，无法形成独立自主的军队。他们的军队主要由雇佣军组成。但由于经济的繁荣，他们依旧能够在战场上投入大量兵力。到了后期，较为强大的城邦吞并了它们周围比较弱小的邻邦，比如，佛罗伦萨吞并了比萨，威尼斯吞并了帕多瓦和维罗纳，米兰公国则吞并了邻近的地区，其中包括帕维亚和帕尔马。这个时期意大利的分裂在人们思想上产生了很大影响，人们呼吁独立、自由，没有强权的压制，各地区的思想都得到了充分自由的发展。

第四，市民阶级的形成。意大利工商业的繁荣不仅催生了资产阶级，同时也带动了与资产阶级对立的市民阶级的形成。佛罗伦萨最先争取到了自治权，基本上铲除了封建贵族势力。该市市民的上层制定了《正义法规》，法规的诞生使大工商者对城市的统治合法化，佛罗伦萨成为第一个资产阶级性质的城市共和国。13—14世纪，意大利北部市民阶级基本上掌握了大部分城市的政权，这标志着相对独立的市民阶级正式形成。他们反对封建贵族势力的压迫，以获得更大的政

治、经济利益。富裕的市民阶级为了自身的利益，积极支持人文主义者进行创作，以便在社会上形成有利于资本主义发展的思想体系。安定舒适的生活，有利的创作条件，深层次的交往，宽松的社会环境及社会对新作品的渴望、推崇都刺激着人文主义者的热情，激励他们创作出优秀的作品。

第五，古希腊和古罗马文明的注入。文艺复兴的文化基础是古希腊、古罗马文明，这也是文艺复兴起源于意大利的主要因素。由于种种原因，意大利吸收和保存了大量的古典文化遗产。人文主义者所向往和推崇的是古希腊的自由民主精神，而文艺复兴时期的资产阶级法学主要受到古罗马法学的影响。意大利人之所以热衷于收集古希腊、古罗马的文物典籍，并不是简单的为了装潢门面而附庸风雅，而是通过求购、翻译与研读古典书籍和手稿，消化吸收古典文化，汲取其中的精华，调和现实的世俗生活。他们打着复兴古文化的旗号，披上了“复兴古典文化”的外衣，形成了具有地域性的独特的文化氛围。这一切的前提是意大利本土人民对古希腊、古罗马文明的接受和利用。人文主义者打着复兴古希腊、古罗马文化的旗号来宣传人文主义精神，以此来达到抨击教会和封建统治的目的。

从上面几点可以看出，意大利有着文艺复兴产生的必备条件，这就使得文艺复兴首先发生在意大利成为必然。

第二部分

文艺复兴时期的亚平宁

亚平宁半岛由北向东南深入地中海，而亚平宁山脉纵贯意大利全境。位于亚平宁半岛的城市佛罗伦萨，是一座具有悠久历史的文化名城，它既是意大利文艺复兴运动的发源地，也是欧洲文化的发源地。当时美第奇家族掌握了当地实际的政治权力，在其保护和资助下，积聚在佛罗伦萨的名人众多，如达·芬奇、但丁、伽利略、拉斐尔、米开朗基罗、多纳泰罗、乔托、莫迪利阿尼、薄伽丘、彼德拉克、瓦萨里等，而正是有了众多卓越的艺术家们，佛罗伦萨才成为了欧洲艺术文化和思想的中心。

美丽的佛罗伦萨

第一章 亚平宁概貌

优越的自然地理条件

纵观整个人类文明的历史，能与中国五千年的文明相媲美的文明古国只有希腊和意大利，但希腊的文明繁盛在古典文明时期，到了中世纪和近代相对落后于其他两大古国，而意大利从古至今都可以作为西方文明的代表。虽然经历了民族变迁等重大历史事件，但意大利在西方文明发展的各个阶段都有着突出的成就，堪称西方文明的典范。在古典文明时期，它是罗马文明与罗马王国的发源地。中世纪时期，它成为基督教世界的核心。而在文艺复兴时期，它又成为首倡文艺复兴的国家。无论是文明古国时期还是近现代文明时期，意大利的文化史都有着极其丰富的内涵，这与它得天独厚的地理、人文环境是密不可分的。

自古罗马时代起一直到现在，意大利的地理环境都没有很大的变化，它的范围除了以皮靴形的亚平宁半岛为主外，还包括西西里、撒丁两大岛。亚平宁半岛由北向东南深入地中海，而亚平宁山脉纵贯意

大利全境。作为亚平宁半岛上最重要的山脉，它对意大利的人类地理学有着很深的影响。亚平宁山全长1400千米，属于阿尔卑斯山系，山脉是由一系列的山地丘陵组成的多火山。火山的运动给土地提供了充足的肥料，为农业的发展提供了便利。靴形的半岛狭长，加上亚平宁山脉纵贯全境，使得沿海平原无开阔之势，但在半岛的北部，波河自南向东绵延800里，造就了全境唯一的一个大平原——波河平原，这里河川分布密集，湖泊相连，使波河平原赢得了“鱼米之乡”的美誉。而在意大利的中部与南部地区，只有一些小规模的河流与平原。值得一提的是亚诺河与台伯河，台伯河纵贯整个亚平宁半岛的中部地区，在低山地区河流流淌缓慢，绵延至海岸线，是连接亚平宁山区与大海的重要纽带。这两大流域，一个是文化名城佛罗伦萨之所在，另一个则紧邻首都罗马。罗马位于台伯河的下游，距入海口仅40公里，而台伯河又位于亚平宁半岛的中央，使罗马成为联系南北东西的枢纽，罗马也因此能够建立强大的古代大帝国。当然除了佛罗伦萨和罗马两大名城，威尼斯、米兰、都灵与那不勒斯这些历史名城的影响也是不可小觑的。

法国著名的文艺理论家伊波利特·阿道尔夫·丹纳在他的文艺理论著作《艺术哲学》中指出，一个国家的环境因素对其艺术气质的形成有着重要的影响，这里的环境因素包括地理、气候在内的物质环境及产生精神影响的社会环境。伊波利特·阿道尔夫·丹纳认为，环境因素是形成一个国家艺术气质的外在条件，而意大利正是得益于其得天独厚的地理环境优势，才成为文艺复兴的发源地。意大利气候十分温和，降水丰沛、河川众多，使得土壤十分肥沃，具备发展农业的有利条件。而山地草区也使得它的畜牧业繁盛。与其他地区相比，南部意大利的气候更为温暖宜人。由于境内多活火山，故有充足的火山灰充当肥料，使得这个地区更加丰饶。从古代到中世纪的农业社会，意大利都不愧为鱼米之乡，因此意大利被阿尔卑斯山以北的西欧国家形容为阳光充足、物产丰富、人文气息浓郁之地，这并非言过其实。意大利得天独厚的地理环境因素并不单单是气候，其位置与交通也可以算是锦上添花。陆地上，意大利地处西欧大陆的南端，北与奥地利、瑞士相接，南部紧邻法国，虽然很多地区常年被积雪的阿尔卑斯山隔断，但仍有一些山口、峡谷可以通过，使得它陆上交通便利，南北交往顺畅。阿尔卑斯山的隔断，使得山南山北风光各不相同，反差很大，也激起了山北各族南下的强烈愿望，这些山口便是南北民族往来的见证。

佛罗伦萨洗礼堂南门上的浮雕

与陆路相比，意大利的海运优势更加突出。整个亚平宁半岛犹如

一只皮靴伸入地中海的中央，成了东西地中海的分界线，意大利由此也成了整个地中海地区的战略要地。它的海运可谓四通八达，连接着许多重要的文化与商业名城，比如向东可到达希腊，再向东可延伸至小亚细亚、叙利亚与巴基斯坦；往东南可至埃及，向西可至法国与西班牙，而绕过直布罗陀海峡可以到达英国等国家。早在古罗马时期，中国就有使节出使至此，并且对古罗马颇有好感。《后汉书·西域传》就有记载，称“其人民皆长大平正，有类中国，故谓之大秦”。这说明汉朝与当时的罗马古国有着良好的外交关系，也说明了意大利当时的交通很畅通。依托于四通八达的海上交通，意大利的经济与文化得到了很好的发展，而因所处的地理位置的重要，使其能够建立起囊括地中海而又横跨欧亚非的罗马帝国。农业经济的充分发展催生出日后繁荣的资本主义经济。在整个文艺复兴时期，意大利成为西欧与东方各国贸易交往的枢纽城市，总揽了各国的贸易，城市经济明显领先于欧洲其他国家。

艺术文化的辉煌

在意大利文明史上，文艺复兴是浓墨重彩的一笔。它不仅是意大利文化最为辉煌的一笔，还推动了整个人类文化进程，带动了整个西欧最早进入近代社会。彼时的意大利虽然没有像英法等国家那样在完成统一之后才走上近代化道路，但无论是在经济、政治方面还是在文化方面都有了近代社会的特质，尤其是佛罗伦萨这个城市。

文艺复兴实质上是一场资产阶级借助复兴古希腊、古罗马古典文化的旗号而进行的一场反教会的运动。教会的衰落，城市经济的高度发展，使得资产阶级与教皇的斗争逐渐走上了一条独立的道路。除了政治经济中心外，作为罗马帝国的意大利，不仅保持了罗马帝国的文化传统，还保存了丰富的古典文化。当地的城市与市民在发展自己文化的同时，还将眼光转向了古典文化，领悟到民主与科学才是他们真正想要追求的东西，所以他们将古典文化作为他们的良师益友，成为他们生活中的“百科全书”。古典的科学与哲学著作是他们了解宇宙万物与人情世故的指南针，而古典的雕刻与建筑是新艺术的榜样，也正是因为有了它们，人们才将他们最新的文化作为古典文化的“再生”，这也是“文艺复兴”一词的来源。由于有了古典主义的指导，意大利的新文化无论是在水平上还是在规模上都有了突飞猛进的发展，不仅奠定了自己在欧洲的稳定地位，还一举超越了东方各封建国家。

古典文化在意大利的复兴，是与北欧截然不同的。文化上的蛮荒还没有成为过去，意大利人深深感到以往的生活可以重建，并且希望被重建。在欧洲其他各国，人们对于古典文化的学习和借鉴是有意识的并且有选择的。但在意大利，无论是有学问的人还是一般的市民阶层，都自然而然地将自己的目光投向了古典文化，并且全身心地投入。他们认为，古典文化就是他们过去伟大的历史的象征。对大多数意大利人来说，理解拉丁语是很容易的一件事。大批的文化遗产与古

籍也有助于他们重视过去，他们可以从12世纪斯托卡纳建筑及13世纪的雕刻上清楚地看出古典文化在建筑造型上的影响。在诗歌方面，12世纪能够表现拉丁诗歌的诗人是一位意大利人。这个意大利人就是《布拉纳诗集》的作者。那些富有韵律且朗朗上口的诗句充满了对生活的向往。当人们读到这些诗句时，会有这样的疑惑：这到底是一个意大利人在说话还是一个伦巴第人？事实上这样的疑惑并不是毫无根据的，那些被称为“流浪教士”的12世纪拉丁诗人以他们所具有的独特的轻浮气质，创造出了整个欧洲竞相传阅的作品。这些诗歌是古代生活态度的再现，只是用中世纪的诗歌形式将其表现出来。文艺复兴不简简单单是一种对过去片段的模仿，或者对已经支离破碎的文化的再创造。这一点可以从12世纪无名教士的诗歌中寻找出些许痕迹。

德国科隆大教堂

很可惜，14世纪以前，意大利人并没有对古典文化表现出应有的热情。之后，意大利人迫切需要文化，于是花费时间和精力努力营造一种文化社交氛围。意大利与其他西欧国家一样流行哥特式文化，而这一文化最好的阐释就在教堂建筑上。当时意大利城市的发展与其他西欧各国不同，使得它的哥特式文化呈现了与英法等国风格迥异的特点。当时的教堂建筑虽然有教会人士的参加，但它的领导者已经变成了城市政府，资金的来源主要是由城市的大行会募集而来。因此，新建的大教堂成为城市文化的主要体现，这样倾全国之力打造的教堂，不仅可以成为城市文化一块很好的招牌，而且在建造的过程中还可以使得社会各个阶层的交流进一步加强，教堂成为城市文化的标杆与加强社会各层交往的润滑剂，这与中世纪的风俗习惯形成了鲜明的对比。在文艺复兴时期，最完美的社交方式就是不论等级差别。人们认为，交往是建立在接受教育的基础之上的，也就是说，教育已经取代等级成为社会交往的必要因素。

文艺复兴不仅是古典文化的胜利，也是人文主义的胜利。意大利倡导古典文化，将矛头直接指向了教会的黑暗腐败，号召用“人权”代替“神权”。因为教会对社会各方面的干涉引发了社会各阶层的不满，当时的意大利人想要追求自我解放，但教会的束缚使得他们寸步不前，他们希望借助文艺复兴来弘扬人文主义，求得个人的解放与发展。于是一批批诗人、学者纷纷站出来支持人文主义。这当中首推但丁，他是第一个将古代文化推向民族前列的人。在《神曲》中，他将古代世界看成与基督教世界并行的一个世界，将古代记载的历史传说同基督教记载放在一起进行比较，使人们能够了解到古代世界，了解

到古代世界的魅力。其次还有彼特拉克，提到他，人们首先想到的就是他是一位著名的诗人。彼特拉克之所以能够赢得同时代人的赞誉主要是因为他是古代文化活的代表。他熟悉各种题材的拉丁诗歌，有着扎实的语言功底，历史和哲学知识丰富。他的很多书信充满了古典气息。对于自己的意大利文诗作，彼特拉克很少提起。他曾说过这样的话："如果可以抹掉人们记忆中的意大利文诗作的痕迹，我宁愿烧掉它们。"薄伽丘像但丁与彼特拉克一样，用爱情阐述人文主义，借此抨击教会的禁欲主义。他笔下的爱情十分市民化、世俗化，也更加富有淳朴的人情味。这也使得《十日谈》迅速在意大利"走红"，人文主义得到了很好的传播。有这么一群有影响力的学者、诗人的鼎力相助，人文主义在意大利得到了弘扬。

古典文化的复兴使得意大利摆脱了宗教的束缚，走上了快速发展的道路。同时，也使人文主义得以传播并深入人心。它极大地影响了这一时代的文学、绘画、建筑、哲学等各个方面，并使它们成为人类文化发展史上的一个难以逾越的高峰。

第二章
一座伟大的城市——佛罗伦萨

城市文化对城市的影响因素

在前一章中提到，文艺复兴首先在意大利爆发得益于其政治、经济的发展，而这一发展的典型首推佛罗伦萨。如果说意大利占据了有利的地理位置，佛罗伦萨的地理优势就更胜一筹。佛罗伦萨位于托斯卡纳地区的中心，而这一地区由当时强大的美第奇家族统治，其经济、文化的繁盛可想而知。佛罗伦萨城中有阿诺河穿过，占据了托斯卡纳地区的黄金地段，拥有其他城市无可比拟的地理优势，但这样的优势也只有在佛罗伦萨才能得以发挥出来。因为在中世纪，托斯卡纳地区的城镇一般都选择建立在低洼的丘陵地带，阿诺河周边多低湿的沼泽，容易发洪水，因此很难使这些地区形成大的居民点。于是很多城市考虑选择建立在水源充足的山顶台地，往往几个山丘连在一起，建立一座城池，这样可以免受洪涝的侵害。这些地势虽然易守难攻，但弊端就是城市难以得到发展。而佛罗伦萨却建立在河边，当时它只是一个小镇，人烟稀少。但当意大利经济有所起色之后，商铺增多，

人口也有所增加，政府加强了对沿河沼泽地的治理。佛罗伦萨大展拳脚的时候也随之而来。虽然当时意大利发展的重点放在威尼斯、热那亚、米兰等几个港口城市，致使佛罗伦萨并没有得到相应的发展，但它临河而又盘踞托斯卡纳中心平原的地理优势使它的作用发挥到了极致——水源充足，为毛纺织工业的发展提供了有力的条件，也为人口的增长和良好的城市环境提供了保障，而农业的发展又为城市居民提供了良好的衣食来源。因此13世纪时，佛罗伦萨的经济开始腾飞，而且有着比意大利其他城市更好的发展势头，一跃而成为全国排行前列的城市。它拥有的优势体现在两大方面：一方面，依托自身的技术优势和国外市场，使得它的毛织业成为全国规模最大、水平最高的行

业；另一方面，利用与教皇结盟的便利条件，很快控制了教会的国际汇兑业务，并利用毛织业的飞速发展在欧洲各地建立了佛罗伦萨的钱庄银号，拥有了欧洲最大的银行产业与国际金融业务。

14世纪，文艺复兴兴起之时，佛罗伦萨已经拥有了200座毛织业工场，一年可以产出呢绒80000多匹，全城有30000人以此谋生；它的银行钱庄更是多达80多座，分号与办事处遍布欧洲大陆；它铸造的佛罗琳金币更成为西欧各国通用的钱币，犹如当今的美元。更为重要的是，当时的毛织业工场和银行商号的运营与管理已经具备了资本主义的性质。以毛织业为例，当时毛织业的工序相当复杂，要经过26道工序，从清洗梳毛开始，到抽条纺织、制成毛呢，再到最后染色和

从米开朗琪罗广场看佛罗伦萨全景

成品制成都由企业主派专人监工，而由雇佣工人充当劳动力。工人可以在工场集中劳作，也可以领活回家制作，或者是企业主直接将部分工作承包给小作坊。这具备了资本主义生产的早期特点，因为自始至终都是企业主拥有原料及重要的生产设备，生产出来的产品归企业主所有，工人只是领取工资。这毫无疑问具备了资本主义经济的特点。当时佛罗伦萨的总人口有100000，但以毛织业为生的就达到了30000多人，可见这个行业在佛罗伦萨占着多么重要的地位。有了如此重要的毛织业和银行业，再加上其他的商业，佛罗伦萨就理所当然地成为近代重要的工业城市。与此同时，佛罗伦萨的农村也在悄然发生着变化。自1298年政府取消农奴制之后，农民与地主之间再也没有人身隶属关系，农民成为自由人，这也使得他们大量进入城市，这不但为城市经济的发展提供了充足的自由劳动力，而且还加速了农村的近代化进程。

随着带有资本主义性质的产业的发展，佛罗伦萨逐渐形成了具有影响力的七大行会，它们分别是毛织业行会、毛织加工业行会、银行业行会、丝织业行会、医药香料行会、皮毛业行会和律师业行会。它们并不像中世纪手工业者所组成的行会组织那样，而是由一批掌握了国家经济命脉的大资本家与企业家组成，只允许大业主、大股东入会。就连高级职员和高级技工都不被允许参加这些行会，更不用说那些普通的工人了。这几大行会的组成也得到了政府认可，并且从一开始它们就凭借巨大的财力在佛罗伦萨的政治舞台上发挥了举足轻重的作用。

从1282年起，佛罗伦萨的政府首脑必须通过七大行会的推举才可以产生，并且行会的成员要占据首脑会议的六个席位。1293年，佛罗伦萨颁布了首个具有宪法性质的《正义法规》，使得七大行会对政府的控制进一步加强，并且加大了对贵族世家、豪门大族的限制，将他们列为专政的对象，规定了任何贵族都不能担任政府要职，也不允许其参加市民举行的高级武装会议。此外还规定了任何一个贵族杀死一个市民，都将被处死刑，并没收其财产，摧毁其房屋。也就是说佛罗伦萨用《正义法规》肯定了自己的共和国性质，这也标志着佛罗伦萨的城市政权已经完全落入了行会资产阶级的手中，而且这个政权已经具备了资产阶级的性质。在这之后的整个14世纪，虽然佛罗伦萨的政权有过动荡和曲折，但七大行会依旧将政权紧紧握在手中。也许就因为此，佛罗伦萨一直保留着浓重的资产阶级色彩，这为它的经济与文化的发展提供了广阔的空间和强有力的支持，形成了政治、经济、文化同步发展的新局面。

政治上的自主随之带来的就是文化的控制权与领导权。佛罗伦萨成为资本主义中心城市之后，它的文化发展也必将带有资本主义的特点，这也就是为什么佛罗伦萨会成为文艺复兴的发源地及最主要代表的缘由。众所周知，中世纪的欧洲文化的控制权与领导权都掌握在教会而不是封建统治者的手中，佛罗伦萨所表现出来的资本主义文化的特点除了城市政府掌握文化领导权之外，当然还有通过恢复、提倡古典文化来达到改造封建神学文化的目的。应该注意的是，改造神学文

化并不是要消灭教会，也不是要取缔基督教，而是要通过消除宗教中的消极成分而使宗教为其所用，因为意大利本身就是通过教会与皇帝之间的矛盾而发展起来的，而佛罗伦萨的银行业也是利用教会在欧洲各地所设置的汇兑与代收税款等业务发展起来的，所以政府同教皇及教会的关系并不是敌对的而是相互依存的。当时很多市民，尤其是文艺复兴新文化的很多倡导者都是基督教的信奉者，宗教活动依然很活跃，只不过教会对整个国家的控制力有了改变。虽然当时的很多人都热衷于复兴古希腊、古罗马的文化，但这种复兴已经不是对古典文化的单纯的模仿，而是一种再创造，一种新的文化的创造。当时的人们希望通过对古代文化的学习，了解古代社会的精神风貌与价值取向，通过对民主与科学的学习来建立以这两者为核心的近代文化，形成以古典人文主义为基础的具有新时代特点的人本主义思想。因此当时的人们并不是反基督教，而是希望将其改造为具有人文主义思想的宗教。

城市文化发展的表现

城市的急速发展必然会对文化带来诸多影响，就意大利而言，这一时期城市文化的发展的表现之一就是形成了其独有的哥特式文化。13世纪，意大利也流行着与其他西欧国家一样的哥特式文化，但经过城市经济的发展，它的哥特式文化已经明显与其他欧洲国家不同，这种不同除了建筑风格不同之外，还表现在教堂的修建权已经不再掌握

在教会手中，而是移交到了政府那里。虽然教会依然可以参与教堂的修建，但工程的领导者及政府资金的筹措主要来自城市大行会。这样，城市建造教堂的宗教意义已经不那样明显了，而是被居民看做是美化城市的主要标志，成为这座城市财力与审美能力的象征，成为这座城市的威望所在。也就是说，这些倾全国之力所建造的教堂就像新建造的政府大楼那样，已经成为市民眼中的政治势力与经济发展能力的代表，具有了经济、文化意义。也正是因为这样，各个城市纷纷把建造与管理本城市的主要教堂作为新文化建设的首要任务，虽然建筑的风格仍然是哥特式的，但精神风貌却大大改观了。1296年，佛罗伦萨政府决定将原来城内比较简陋的教堂拆掉，在其他地区建造一座宏大的教堂，以彰显其经济实力。政府明确表示，新教堂必须能够反映人类想象力，其美观也应穷尽人类更多的更大的智慧力和想象力。因此佛罗伦萨所要建立的教堂要反映它的富强与人类的智慧。如果那样的话，它的宗教意义就退而居其次了。政府在做了这个决定之后，就将具体的建造事宜交给了“大教堂工作组”的委员会专门负责。从筹措资金到方案设计再到施工建设，政府的官员都参与其中。这次修建是在毛织业行会与毛呢加工业行会的主持下进行的，原因很简单，这两大行会的经济实力最强，捐助的钱也是最多的。而且政府明文规定，建造的主要任务必须由政府主持完成，教会不得插手。从这一点可以看出，佛罗伦萨在文化上的领导权已经落在了资产阶级手中。佛罗伦萨大教堂在1296年宣布动工以后，最初负责设计和雕刻的是阿尔

诺沃·迪卡姆比奥。他是闻名于世的文艺复兴的最早的一批艺术家之一，也正是因为是最早的一批，在他身上具备了过渡的色彩。在建造教堂的时候，他已经将注意力转向了古典文化，但却很难摆脱哥特式文化传统的影响，而且佛罗伦萨政府要求教堂建造得要空前宏伟，因此他与大教堂工作组构建了一个前所未有的宏大蓝图：教堂的主厅与侧厅都要比原先哥特式建筑宽敞，而教堂十字架交叉点上的圆顶要等于主厅与两个侧厅加起来的宽度，这与以前的建造方式大不相同。教堂在阿尔诺沃去世之前才打好地基，而之后是由建筑大师布鲁内莱斯基建造而成，成为文艺复兴建筑史上一个堪称完美的杰作。

佛罗伦萨大教堂的穹顶

任何一个城市的发展都离不开教育，佛罗伦萨也不例外。佛罗伦萨文化的发展离不开教育的普及。中世纪，受教育权也逐步变成一种特权，只有教士才可以识字，即使上层贵族也不通文墨，商人识字的更少，下层市民阶层就更不用说了。城市兴起之后，随着工业的发展，识字的人慢慢多了起来，受教育成为一种可能。佛罗伦萨城市兴起之后，社会各阶层识字的人逐渐增多，呈现了一种与中世纪截然不同的景象。据佛罗伦萨史学家记载，当时就有近万名儿童上学，而当时佛罗伦萨的总人口才不过20000人，可见当时入学率之高，教育发展之快，受教育人数之多。当时不仅大行会的企业主有文化，就连普通的技师、学徒、店员、帮工等都略知一二，学习珠算数学与文法逻辑的学生也非常可观。前者以实用为主，学习的主要内容是经济理财所必不可少的算术及一些类似于现在会计所需掌握的知识；而后者则是学习文法修辞，尤其是古典文献中的一些修辞。这样的学问并不像人们想的那样华而不实。学习修辞不仅可以帮助人们适应城市经济的高速发展，阅读和理解政府颁布的公文、通告，进行日常的书信往来及广告、招贴的写作，而且这些修辞主要来自古文典籍，通过学习可以促使人们学习、了解古文，促使人文思想的传播……

佛罗伦萨大学

教育内容的革新使得佛罗伦萨即使没有大学，也照样人才辈出，培养出了一大批政治、经济、文化的精英。反而那些较早建立的大学，如最早建立的波隆纳大学以讲

授神学与哲学为主，积习过重，阻碍了文化的发展，倒不如像佛罗伦萨这样的学习班形式，可以根据社会的需要培养出更多的人才。14世纪人文思想逐步形成之后，佛罗伦萨组建了自己的大学——佛罗伦萨大学，聘请像薄伽丘这样的名人来担任教授，逐步开拓了一种新的教育体制。

在宗教问题上，佛罗伦萨也没有采取激进的态度，而是走上了一条温和的改良之路，也许正是因为这样，佛罗伦萨才没有遇到像光绪皇帝戊戌变法时那么尴尬的事——受到封建势力的阻挠。佛罗伦萨文化的发展得益于宗教的改革。当时教育的发展、政治的革新使得这座城市逐步形成了较为开放、宽容、兼容并蓄的文化氛围；工商业的发展又使得人们注重科技创新。在这种大环境的作用之下，市民的素质普遍得到提高，人们开始追求自由、注重创新、尊重人才、追求财富，而且更加注重高素质、高效率，就像他们对于大教堂建设时要求的那样。而佛罗伦萨的毛织业的崛起得益于它精益求精的态度，只有具备了这一态度才能够同时兼顾工艺与美感。精益求精的态度也使得他们特别追求艺术与科学的完美结合。佛罗伦萨人对科技的追求已经成为一种社会风气。也正是因为这样，佛罗伦萨的社会氛围才具备了近代的气息。人们所推崇的不仅是科技本身，还有对人才的重视。虽然当时的教堂很多，人们也普遍信仰基督教，但这些并没有成为佛罗伦萨科技发展的阻力，因为当时的宗教人士也是很欣赏一些科技发明的。据说在14世纪，一位神父曾大力赞扬眼镜这一技术的发明，认为

这一发明是世界上最好也是最有用的技艺之一。在这种相对比较自由的大环境下，佛罗伦萨的科学技术有了飞速的发展，这同时又成为其艺术文化迅速发展的原因。

人文主义在佛罗伦萨

1380年—1450年间，佛罗伦萨的人文主义将文法、修辞、历史、哲学道德等作为古典教育基础的科目，发展成为一套完整的教育课程。虽然这些内容在中世纪被人们出于不同的需要和利益修改过，但并没有被完全排斥过。人们通常把这一现象称为“人文主义的兴起”，它完全可以与当时的法国对于亚里士多德逻辑学的发现及将它应用于神学研究的热情相媲美。人文主义的兴起有很多原因，比如热衷于古典文化研究的学生逐渐增加，因对古典文化的共同兴趣而组建起来的文学团体的增多及对古代作家已失传的抄本的热捧等。对人文主义的研究也发展迅速，同时对古典文献的研究日渐成熟，并且多样化，对希腊、罗马的文化特性的了解逐步深入。佛罗伦萨人文主义的另一个表现就是对于古典文化兴趣的一个转变，也就是将单纯的对于文史资料的兴趣扩展到其他学科，扩展到对建筑、雕刻、音乐、数学及理科等多方面。它最引人关注及最能够引起争议的一面，就是它对当时社会准则及价值观念所带来的影响，以及改变了佛罗伦萨人看待世界的方法及态度。

这种对于古典文化的浓厚兴趣及对文化遗产的热爱，在当时是

很普遍的，即使在中世纪的欧洲，人们也从来没有丧失过对古罗马的向往，也没有放弃过对古罗马文化的研究。很多准备投身教会职务的学生在当时的文法学校学习了李维及贺拉斯的文章，并且学会了拉丁文。可以说，意大利人对古典文化的热衷与偏爱表现得极为明显，佛罗伦萨本地人为自己是古罗马人的后裔而感到自豪。早在11世纪，波隆那等地开始了对古罗马法的研究。通过研究，意大利的法学家不仅对当时古罗马法典和释文汇编有所了解，而且对于帝国时期、共和国时期的罗马政治史和法律史也比较熟识。当波隆那的法学家正沉湎于查士丁尼法典的研究时，其他年轻人却热衷于公证人这一职业，而公证人的基本要求就是要熟识修辞学。尽管他们未来所从事的职业只是帮人写遗嘱、代写契约和商业合同等，但他们都会攻读李维与西塞罗的著作，并且有很大一部分人会将古典文化的研究作为自己的业余爱好，甚至对此孜孜不倦。

弗朗西斯克·彼特拉克

在对古代文化的热爱这一基础上，彼特拉克开始了向“新文学”进军的步伐。他出生于

阿雷佐城，后来被送往波隆那大学学习法律，但出于对文学的喜爱而放弃了对法律的学习。他的抒情诗不仅在意大利赢得了不少的赞誉，而且在法国、英国等国也产生了深远的影响。早在大学期间，彼特拉克对拉丁作家，特别是西塞罗的著作就具有了浓厚的兴趣，后来他发展成为新文学最积极的宣传者和最顽强的捍卫者。在他生前，正是因为他的努力，古典文化的研究成为意大利学术界主要的关注点。这种研究也发展成为一种风气，具备了一种能够使人改变信仰的强烈力量的特质。

如果说彼特拉克是古典文学研究的发起者，那么使新文学成为研究中心的决定性人物是科鲁乔·萨琉塔蒂。在从事新文学传播之前，他只是一个普通的公证人，但成为佛罗伦萨共和国文书长之后，他变成了一个很有实力且具有巨大影响力的政治家，一个身居要职且德高望重的上层显贵。他的显赫地位为他倡导人文主义提供了便利的条件。虽然彼特拉克作为作家影响很大，但毕竟他从没有在佛罗伦萨生活和工作过，所以他的影响没有萨琉塔蒂大。萨琉塔蒂在文学方面的造诣虽不像彼特拉克那样深厚，在意大利文学界也没有造成巨大的影响，但他却在佛罗伦萨有力地推动了古典文化的研究。

萨琉塔蒂是奥古斯丁教派的重要一员，这一教派主要是由知名学者和有学识的市民团体组成，主要讨论道德与哲学问题。后来领导权转到了萨琉塔蒂手中，在他的指导下，他的很多学生都成为佛罗伦萨有影响的人文主义的学者。还有一批在萨琉塔蒂的影响下从事古典

科鲁乔·萨琉塔蒂

文学研究的显贵子弟，他们都将他作为自己的导师及保护人。萨琉塔蒂对于他们来说就是一个榜样，是他们建立自己的学术及文学兴趣的指向标。他们经常举行集会讨论相关问题，从藏书室中接触到各种书籍，而这些书籍极大地扩展了他们的视野，拓展了他们接触古典文化的范围。而萨琉塔蒂自己也成为学术知识界、政界、工商界接触的桥梁。甚至很多人文主义学者都会利用他在佛罗伦萨的声名与威望，以及政治、社会的地位和影响来对付那些对古典文化持怀疑态度的人。

在整个学术生涯中，萨琉塔蒂都注重将对古典文化的研究与他所处的现实世界相联系。他所写的政府公函，用的是当时被称为西塞罗体的优美拉丁文，引经据典，成为当时意大利公文通信的典范。吉安加利亚佐·威斯孔曾说过：“一封萨琉塔蒂的书信足可以抵过一支拥有一千枪手的军队。”这个说法虽然有点夸张，但足以表明文学的才智在政治上的重要性。后来佛罗伦萨长老会议曾要求帕都亚统治者不要使用通俗白话文写外交照会，因为这样很容易因文体的缺陷或者

是书记的讹读而导致误解。可以看出当时修辞学的训练对于一个外交使团成员价值的重要性。正是由于彼特拉克、萨琉塔蒂这些学者的提倡，人文主义才能在佛罗伦萨得以传播和发展，而它的主要内容可以归纳为以下几点：

首先，人文主义注重对人自身价值、地位和尊严的强调，尊重个人的现实人生和世俗生活。在中世纪，基督教会向人们灌输人在神、基督教会面前的渺小和微不足道，认为人应该服从神，只有这样，才能通过教会与神进行交流，除此之外没有其他的办法。神创造世界，理所当然应该成为这一世界的中心。人生活在这个世上，不是为追求幸福和享受快乐的，而是为自己前世犯下的过错进行忏悔和赎罪的。人不能够有欲望，不应该学习文化知识，应该做的只有虔诚地信仰神和基督，做上帝忠实的子民，老老实实地接受教会的统治。而人文主义者却打破了这一局面，摆脱了教会的思想束缚。人文主义者认为人天生高贵，有时候这种高贵超过了天使。他们认为人之所以活在世上，是要不断地发挥智力才能，只有这样，才能创造美好的生活，这样他们不仅对基督教会的统治发起了挑战，而且也对教会禁锢人们的思想提出了质疑。彼特拉克也对"神"这一概念提出了质疑，他认为"人"和"神"是两个不可调和的概念。他深信他所处的时代是一个以人为主宰的时代，这说明他已经认识到了人存在于世的特殊的意义及地位。总而言之，文艺复兴时期的人文主义者已经认识到并肯定了人的特殊价值，并在他们的作品中充分表现了这一点。阅读他们的作

品使当时的人们充满了对现实美好生活的憧憬与向往，使人们注意到自身的价值，以个人为中心，摆脱了“神”的束缚，体现了一种可贵的人文主义品质。而作为文艺复兴发源地的佛罗伦萨也是最早认识到人的价值，强调个人，尊重个人的发展的地方。

其次，人文主义还反对禁欲主义，强调个人现实生活的意义，倡导积极的生活态度，鼓励人们大胆地追求幸福生活、及时享乐，充分尊重人的天性和对幸福的追求，这在某种程度上否定了教会的鼓励人们禁欲苦行、追求来世幸福的说法。薄伽丘说过，僧侣宣扬人死后可以进入天堂，实际上就是想让人们填满他们的钱袋。达·芬奇在他的名画《蒙娜丽莎》中给世人塑造了一个丰满、幸福、美丽的少妇形象，与那些虚无缥缈的圣母形象形成了鲜明的对比，她的微笑使我们感到她正在享受幸福、美好的生活，现实不再是充满痛苦，而是幸福的，而这种幸福无阶级、身份的差别，任何人都是可以追求的。这种幸福感反映了当时佛罗伦萨乃至整个意大利积极投入现实社会斗争、争取个人独立发展的诉求。

最后，人文主义者否定教会宣扬的蒙昧主义和神秘主义，崇尚科学和理性。他们用自己大无畏的精神，向尊贵、至高无上的神学发出了挑战。当时，“地球中心说”是教会宣扬的主要观点，并且这一观点是不能被质疑的，否则就要受到教会的审判和制裁。哥白尼对这一学说提出了质疑，但鉴于教会的权威，他只是在临终前才将自己写的《天体运行论》公布于众。针对“地球中心说”，哥白尼提出了“日

心说”，虽然“日心说”后来被证实也是错误的，但他敢于向教会提出挑战，使自然科学从神学中解放了出来。从哥白尼开始，人们大胆地质疑教会所谓的真理，在自然地理方面摆脱了教会的束缚。人文主义者追求真理与知识的坚定信念给当时的人们树立了良好的形象，使人们从愚昧与迷惘中清醒过来，看清了整个世界，能够尽情徜徉于科学知识的海洋中。强调个人价值、鼓励人们大胆追求现实幸福生活、提倡理性与科学，使当时的人们以一种前所未有的视角观察整个世界，获得了自身的解放，全身心地投入到新世界的创造中，这就是佛罗伦萨成为文艺复兴的发起城市的缘由。

第二章
显赫的家族——美第奇家族

追溯美第奇家族

相传美第奇家族的祖先是一位叫阿维拉多的骑士。据有关美第奇家族的传说，在某地有一个危害四方的巨人，很多勇敢的骑士都去向他挑战，可不是遍体鳞伤就是一去不复返，机智勇敢的阿维拉多义无反顾地去找巨人挑战。他在穆杰洛，一个靠近佛罗伦萨的僻静山谷中发现了那个巨人，便勇敢地与巨人决斗。在战斗中，巨人挥舞着狼牙棒向他砸过来，阿维拉多忙低下头躲过了一劫，狼牙棒打在了阿维拉多的盾牌上，经过一场艰苦的战斗，阿维拉多将凶猛的巨人给杀死了。阿维拉多的英雄举动给当时的查理曼也就是查理大帝留下了深刻的印象。查理曼不仅将他留在了自己的身边，而且将阿维拉多那个有凹痕的盾牌当做了他的个人勋章。

后来美第奇家族的徽章上都有金底红球的标志，很多人认为这是从阿维拉多的勋章发展而来的，但也有一个说法，认为徽章上面的红球是药丸的象征，因为美第奇用英文表示是Medici，但这一说法遭到了美第奇家族的否认，当然他们的否认也得到了历史的证实，因为在美第奇家族徽章出现之前，医生使用药丸还不是很普遍的现象，直到美第奇家族的徽章出现了很长一段时间之后，药丸的使用才流行起来。对于美第奇家族徽章的来源，众说纷纭，有的人还认为徽章可能是钱币的形象，因为徽章很像当时中世纪挂在店铺外面的商店标志，而美第奇家族最初的生意就是从钱币兑换开始的，随着财富和地位的增长，自然而然地发展成了家族的徽章。

美第奇家族有着天生的商业头脑，他们的祖先曾是农民，但靠着精明的头脑、敏锐的嗅觉，最终发家致富。13世纪，美第奇家族凭借雄厚的经济实力跻身贵族，并参加了佛罗伦萨政府。作为第一个被载入史册的美第奇家族成员，萨尔韦斯特罗·德·美第奇正好是1378年佛罗伦萨梳毛工人发动起义的旗手。这场起义不仅震动了整个佛罗伦萨，而且也使萨尔韦斯特罗当选为佛罗伦萨市政委员会的主席，然而在1381年民选政府垮台之后，他被驱逐出佛罗伦萨。民选政府被镇压之后成立的“巴利阿”不断对包括美第奇家族在内的宗派进行毁灭性的打击。美第奇家族在成员和金钱方面不断受到损失，即使还有少数人留在城内，这些人也被剥夺了政治上的权力，但是好在这些家族人员众多，不可能被完全消灭，而统治阶级中的贵族也因长期执政养成了骄奢淫逸的生活方式，加之相互猜忌，给了美第奇家族恢复势力的机会。

在美第奇家族中，第一个重新得势的是乔凡尼·迪比奇·德·美

乔凡尼·迪比奇·德·美第奇

第奇。由于当时他非常富有，并且乐善好施，得到了掌权人的赏识，担任了当时政府的最高职位。这件事赢得了民众的拥护和支持，因为他们觉得自己重新拥有了保护者。但并非所有的人都这么乐观，当时掌权派中有远见的人士就指出，这不是一件简单的事情。尼科洛·达·乌扎诺向其他公民提出了一个值得思考的问题：对于乔凡尼这样一个财力丰厚且有广泛拥护的人加以抬举，这种做法很危险。他认为，在乔凡尼还没有成气候之前将他处理掉还易如反掌，如果等到他的势力继续壮大下去就很难了。尼科洛的同事并没有过多地将他的话放在心上，有的甚至是无动于衷。这是因为他们都很嫉妒尼科洛的名声，有的甚至愿意通过抬高别人来贬低他的名声。

佛罗伦萨的情况发展到这个地步，对立的情绪已经相当明显。这时乔凡尼·加利佐的次子菲利波·维斯康蒂由于兄长的去世，继承了其皇位当上了伦巴第的君主。也许是因为得意忘形，他开始目空一切，认为没有自己不能做的事情，于是他急于收复正在享受自由民主的热那亚。他意识到，在没有与佛罗伦萨人恢复和平友好的关系，使

人们充分了解他的好意之前，采取任何行动都是不明智的。如果能够得到佛罗伦萨人的支持，并且利用他们的威望，自己一定会达到目的的。于是他派使节前往佛罗伦萨，阐述他的意图，以期得到佛罗伦萨人的支持。但他的这一建议，遭到了多数的佛罗伦萨人的反对，他们认为如果这样做，长期与米兰建立起来的和睦友好的关系有可能就此毁掉。他们深知，菲利波通过这场战争可以获利颇丰，但对佛罗伦萨来说是百害而无一利。但有些人认为应该迁就菲利波的这个计划，应该订立一个合约的范围，一旦菲利波超过了这个范围，天下人就能看出他的卑劣行径。虽然佛罗伦萨人就此进行了激烈的讨论，但最终还是与米兰订立了合约，合约中要求菲利波不得干涉马格拉和帕纳罗两条河流靠近佛罗伦萨这边的任何事务。

但是事情并没有按照主和派的预想发展，条约签订不久菲利波就攻占了雷西亚，进而攻占了热那亚。菲利波由于和热那亚的公爵签订了条约，得到了坐落于马格拉河靠近佛罗伦萨一边的一些地区，这样就破坏了他与佛罗伦萨之前订立的合约。佛罗伦萨人陷入了恐慌当中，他们担心菲利波会进而吞并佛罗伦萨，于是考虑采取自卫措施。菲利波在得知此消息后就派使节去安抚佛罗伦萨人的情绪，但使节的到来并没有在佛罗伦萨产生任何实际的效果，却导致了佛罗伦萨分成了两派：一些德高望重的人主张武装起来随时做好挫败敌人阴谋的准备，如果菲利波按兵不动，就不必打仗，但还是要做好自卫的准备。另外还有一些人，可能出于对当权者的嫉妒或者其他的一些原因，

认为没有必要采取措施，这样随意地怀疑一个盟国也不是很好。尽管主和派考虑周全，但在佛罗伦萨境内主战派的观点还是占了上风。当时菲利波不仅与佛罗伦萨签订了条约，还与教皇达成了同盟，在派兵大肆侵占热那亚的同时也应教皇的要求征讨富尔利。这样主战派的言论大大加强了，但是反对的人依然很多，其中包括乔凡尼·德·美第奇。他认为即使公爵的诡计已经大白于天下，但佛罗伦萨现在所要做的就是按兵不动，等待公爵自己发动战争，这样比佛罗伦萨自己先动手要好得多，因为公爵一旦主动开战，就会使意大利境内的所有君主都认为佛罗伦萨有理，而且本城邦的居民也会这样看。而如果佛罗伦萨自己挑起战争，就很难得到其他城邦的支持。

但主战派没有听取乔凡尼的建议，他们成立了10人委员会，决定从公爵手中救出富尔利，但是很快就失败了，这也导致了全佛罗伦萨城邦的恐慌。在这危急的时刻，乔凡尼站了出来，并赢得了群众的支持。之后佛罗伦萨的税法改革又使乔凡尼获得了群众的拥戴，所有的这一切为以后庞大的美第奇家族的形成奠定了坚实的基础。如果说乔凡尼奠定了美第奇家族

科西莫·德·美第奇

在政界的影响力，那他的儿子科西莫·德·美第奇则使得美第奇家族与佛罗伦萨政府正式对接。乔凡尼死后，他的儿子科西莫继承了遗产。庞大的财产使得科西莫获得了与之相应的权力。他利用手中的权力为自己谋利，比如说操纵股票。当时的佛罗伦萨标榜民主，为了不暴露自己的政治野心，他经常在自己的办公室解决国家的政治事务，包括政府官员的任命、国家大事的决断等，给佛罗伦萨人造成了他并没有过多地干预政权的假象。科西莫利用他手中的权力操纵着整个国家，事实上成了真正的国王。1433年，科西莫已经权倾佛罗伦萨。在此之前，他曾声明放弃对公共事务的掌控，这样一来培植了不少敌人。同年9月，由于对卢卡发动战争的失败，佛罗伦萨政府决定囚禁科西莫，没想到他利用手中的权力将囚禁改成了流放。流放期间，他辗转到了帕多瓦、威尼斯等地，利用他的影响力和金钱，赢得了一大批的支持者。由于国内战争激烈，当权者不得不解除了科西莫的流放令，重新迎接他回国。回国之后他凭借强大的财力与影响力很快平复了战争，并且在他的余生中一直发挥着强大的影响力。

科西莫一世的妻子埃莱诺娜和儿子皮埃罗·迪·科西莫·德·美第奇

科西莫去世之后，他的儿子皮埃罗·迪·科西莫·德·美第奇继承了他的僭主之位。在科西莫时期，他自己对佛罗伦萨的“统治”没有公开承认过，而皮埃罗使美第奇家族在佛罗伦萨的统治成为公开的事实，他也被认为是佛罗伦萨的统治者。在佛罗伦萨史上，皮埃罗的统治时间并不是很长，只有5年的时间，因为皮埃罗的身体状况不是很好，他甚至被称为“患痛风的皮埃罗”。他的统治只能算作是深谋远虑的科西莫统治时代和更加辉煌的洛伦佐统治时代的一个过渡。在他的统治时期，佛罗伦萨对于他的统治从默认到接受，在他死后，这一权力交给了洛伦佐·德·美第奇。

洛伦佐从他的父亲手中接过接力棒，他十分享受作为公认领袖走在城市街道上的那种高高在上的感觉。他也是文艺复兴兴盛时期最著名的艺术赞助人，史称“豪华者洛伦佐”。在文艺复兴期间，意大利十分崇尚骄奢淫逸的生活方式，人们从事商业活动所赚取的钱财大部分被用于追求高雅的事物，无论是真心的还是附庸风雅的，对艺术的追求成为整个意大利的风尚。当时意大利公认的有才干的人必须具备以下技能：能欣赏辛辣的文字，写下优美的书信，谈吐之间必须充满锋芒与睿智，会组织骗局，而且身上最好佩戴珠宝，饮食起居比别人豪华……尽管意大利一派欣欣向荣，人们关注学问、绘画、雕刻、唱歌、跳舞，但在这太平盛世之下，各个城邦之间结成了各种大大小小的结盟，背叛与战争暗流涌动，充斥着无数次的导致流血的政治阴谋和随之而来的暴力放逐与市民起义，而无休止的吵架斗殴、复仇凶杀就更不用提了。尽管时局动荡，但并不能遏制意大利人与生俱来的艺术气息。洛伦佐就是意大利人典型的代表。与先人相比，洛伦佐在文化修养方面更胜一筹，他本身就是一位诗人和艺术评论家，而在他的身边也聚集了很多著名的学者、文人和艺术家，比如达·芬奇、米开朗琪罗等人。洛伦佐曾模仿过柏拉图《对话录》中的《宴会篇》，组织学者进行了哲学讨论。

洛伦佐·美第奇

1492年4月，洛伦佐死于胃病，年仅44岁。马基雅维利在《佛罗伦萨史》中是这样评价洛伦佐的："(他)享有上帝和命运之神赐给他的许多恩惠，他举办的一切事业结果都很兴旺发达，他的敌人则常遭不幸……他在政务会议上的发言敏锐而善辩，英明果断，执行时迅速而坚定。虽然他贪图女色，喜欢同滑稽而好讥刺的人在一起……凡是考虑到他严肃的一面和欢乐的一面的人，都会发现他身上存在着互不相容的两种性格……在佛罗伦萨，甚至在全意大利，从没有一个人的聪明才智像他这样出名，也还没有一个人的去世引起这样普遍的哀痛……"在他死后，佛罗伦萨迅速陷入了混乱，美第奇家族的后代也在政治纷争中成为受害者，分别两次被驱逐出佛罗伦萨，但是又两次卷土重来，顽强地统治了佛罗伦

萨数百年，延续了家族一直以来的僭主统治，但唯独没有改变的就是他们的艺术赞助人的身份。

美第奇家族的成就

作为佛罗伦萨的名门望族，美第奇家族对艺术的贡献不可磨灭，他们长期赞助、保护艺术家及文人，可谓是“最伟大的赞助人”。文艺复兴时期，他们所赞助的作品可以说占据了当时委托制作的所有艺术品的一半，以至于史学家将文艺复兴时期意大利“创造性的精英”归结为“美第奇的和非美第奇的”。整个美第奇家族都有赞助艺术的传统，这一传统促进了艺术的不断发展。

美第奇家族对佛罗伦萨实行统治的初期正好处于文艺复兴的鼎盛时期，也就是说美第奇家族不仅是佛罗伦萨的统治者，也是文艺复兴的促进者。家族创始人乔凡尼·德·美第奇创办了美第奇银行，为以后的美第奇家族奠定了良好的基础。他以此起家，迅速在欧洲各地建立了各式的工场及银行拓展业务，使得美第奇家族的势力在佛罗伦萨迅速膨胀，也使得自己迅速成为当时最富有的人物之一。经济上的强势使得他在政治上的影响力与日俱增。要说美第奇家族对艺术的赞助首先要追溯到1401年的佛罗伦萨洗礼堂青铜大门的设计竞赛。当时乔凡尼被聘为评委，这给了他一次接触艺术的机会，也开启了美第奇家族赞助艺术的大门。在这次评选中，吉贝尔蒂成为最终的获胜者，乔凡尼也因为这次比赛打开了视野，他看到了比财富积累更重要的事情，那就是艺术的发展。他认为艺术不仅可以陶冶情操，还可以洗涤人类的灵魂。此后他积极投身于对艺术的赞助，成为美第奇家族第一个艺术赞助人。乔凡尼第一次真正赞助的艺术家是马萨乔，而马萨乔的成功也使乔凡尼赢得了民众的尊重。1421年美第奇与其他七大家族一起出资建造了圣洛伦佐大教堂，教堂现在还保存着当时完整的风貌。

在上一节中提到了乔凡尼·美第奇奠定了美第奇家族在经济上的地位，而他的儿子科西莫·德·美第奇奠定了家族在政治上的地位，也使自己成为佛罗伦萨的“无冕之王”。科西莫的个人魅力为他增色不少。科西莫从他父亲身上继承了精明能干的品质，而家族的优良传统使得他举止端庄而又谦逊有礼，对人豁达、慷慨，佛罗伦萨人民将他视为城市的保护神。在他统治佛罗伦萨时期正值文艺复兴处于鼎盛阶段，也正是由于他的贡献，成就了意大利在整个欧洲的特殊地位。他本身就是一位美术鉴赏家，曾无私慷慨地捐助各类艺术家，成为他们的庇护者。他十分崇尚古典文化，同时积极扶持新文化，使这两种文化兼容并蓄、和谐发展。在他的倡议下，佛罗伦萨成立了柏拉图研究中心，并创建了佛罗伦萨第一座图书馆。而他的主要赞助在建筑方面，他把自己大笔的钱财用在了这些可以看得到的工程上面。从佛罗伦萨第一座图书馆到宫殿，从教堂到修道院，他赞助建造和修造的范围十分广泛。他曾公开表示：“50年来，我获得财富并花费财富，使我的城市变得清晰，这比赚钱来得更快乐。”佛罗伦萨的标志性建筑

就是那座由他赞助，由“建筑怪才”布鲁内莱斯基建造的佛罗伦萨大教堂。在他的赞助下，年轻的米开朗琪罗也开始一展拳脚，建造了美第奇宫殿、圣马可修道院。科西莫对古典文化的关注也在一定程度上推动了古典文化的复兴。在语言上，他精通拉丁文，略懂希腊文、希伯来文和阿拉伯文。他既欣赏古典文化的博大精深也欣赏新文化的灵动与活力。他请古希腊文化者阿基洛普洛斯到佛罗伦萨为年轻人教授古希腊的语言和文学，自己也亲自向菲奇诺学习希腊、罗马的古典著作，而菲奇诺是当时公认的新柏拉图主义的杰出代表、著名的哲学家。他还花重金购买古典文学作品捐赠给图书馆，免费供教师和学生使用。也正是由于他的慷慨无私，他去世时，整个佛罗伦萨为他送行，尊称他为“国父”。

意大利佛罗伦萨美第奇宫邸

科西莫死后，皮埃罗继承了统治地位。他不但在政治上继续延续之前的辉煌，同时也在艺术上有所发展。皮埃罗继续赞助了父亲未完成的菲耶索莱修道院，也赞助了父亲非常喜欢的一位艺术家多纳泰罗，并在多纳泰罗死后将他葬在了圣洛伦佐大教堂，科西莫的旁边，以示对这位艺术家为美第奇家族所作出的贡献的感谢。皮埃罗对一些画家提供赞助并实行保护，贝诺佐·戈佐利就是其中的一位。他曾专门作了一幅画，表达对皮埃罗的感激之情。

接着，美第奇家族又一位叱咤风云的人物诞生了，他就是洛伦佐·德·美第奇。他与祖父科西莫一起成就了意大利，奠定了这个国家在文艺复兴时期的非凡地位。他在佛罗伦萨实行了比较平和的外交政策，不主张对外扩张、强取豪夺，力主发展经济，依法治国。在他统治期间，佛罗伦萨的经济发展到了巅峰，而经济的发展必然会带动文化、艺术的发展。洛伦佐十分喜爱艺术，也喜欢收藏古代的艺术作品和当代的艺术杰作。他不但亲自创办雕塑学校，还积极实行文化保护政策。他尊重各流派的发展，使得文化发展呈现空前繁荣之态。由于父亲身体不好，洛伦佐从20岁开始就着手处理家族内部事务及对外事务，并逐步显现了他卓越的领导才能，也正是由于他非凡的外交手段才使得意大利能够保持长期稳定的政治局面。他从小就接触人文主义思想，大力支持通俗语言的普及和推广。在他的带动下，整个意大利的文学迅速发展。他还积极投身于文学创作当中，成为美第奇家族在文学艺术方面卓越的代表。他爱好诗歌创作，是当时著名的诗人之一，而且著作颇多，且风格迥异，主要作品有《巴克斯与阿里亚娜》和《巴格利诺的牧羊女南齐亚》。他以其独特的诗人的艺术气质吸引着广大的艺术家以及文人，使他们十分乐意为他效劳。与他的父辈不同的是，洛伦佐对艺术家的赞助是有指向性的，也就是说他会在

有成就的人中重点选拔或者是在那些年轻艺术家刚崭露头角时便确定其为赞助对象。其中最著名的有波提切利、列奥纳多、米开朗琪罗。波提切利的著名画作《三王来朝》，可以说是送给美第奇家族第三代的颂歌。他在画中描绘了乔凡尼、科西莫、皮埃罗、洛伦佐、裘连诺等人，更有意思的是画作的右角是他本人的自画像，就此可以看出他与美第奇家族非同寻常的关系。第二个就是列奥纳多，这个名字听起来很陌生，但是如果说到达·芬奇，想必大家就知道了。达·芬奇全名列奥纳多·达·芬奇，他在年轻的时候就住在美第奇宫殿里。当时达·芬奇刚崭露头角，就被洛伦佐视为可塑之才，将其邀请到宫殿里居住，正是在这里，达·芬奇绘制了《三博士来朝》。后来洛伦佐又向当时的米兰国王推荐了达·芬奇。达·芬奇因之在米兰生活了17年，这一时期可谓是他创作的一个巅峰时期，他的许多画作就诞生在此，其中包括最著名的《最后的晚餐》。第三个杰出的代表就是米开朗琪罗。当时洛伦佐在圣马可广场收藏了很多从他父亲就开始收集的名贵古物，而他又很想为雕塑家开办一所学校，于是在吉兰达约的提议下，作坊中许多喜爱雕塑的年轻人被推荐到洛伦佐的花园里接受训练，而米开朗琪罗就是其中的佼佼者之一。米开朗琪罗与美第奇家族交往密切，直至生命结束的那一刻。洛伦佐于1492年去世，被许多历史学家称为当时佛罗伦萨的大事件，而那不勒斯的斐迪南国王也曾经说过："这个人活的时间，对他自己的光荣而言够长了，对意大利而言却太短了。"

达·芬奇的《三博士来朝》

美第奇家族在政治、经济上的地位，再加上他们在教皇红衣主教团培植的势力，使得在16世纪上半叶，家族内的两位红衣主教乔凡尼·迪·科西莫·德·美第奇和朱利奥·德·美第奇成为当时的教皇，而在当时，16世纪的意大利教皇不仅是天主教徒的精神领袖还是中部地区最高的行政首脑，集宗教和政治权力于一身，在意大利甚至整个欧洲都有十分重要的影响。他们出任教皇时正好是文艺复兴鼎盛时期，虽然教皇推行的是黑暗统治，但出于美化统治和对奢侈生活的追求，他们对艺术家与文人实行了保护和赞助的政策，客观上对艺

术文化的发展留下了不可磨灭的功绩。乔凡尼·德·美第奇出任教皇后，取名莱奥内十世。与他的先人相比，乔凡尼是一个绝对的享乐主义者，这也成就了他赞助艺术的习惯。他对当时的艺术及市政建设等方面的赞助，实行的是一种奢侈浮华的政策。受其父亲的影响，在他周围围绕着众多的学者、诗人、哲学家及政治家。他自幼精通希腊文及古典哲学，而在诗歌、绘画、雕刻、音乐欣赏方面的造诣很高，其中最为突出的就是对音乐的鉴赏力。他在宫殿内高薪聘请了多位顶级乐师，同时又组建了完美的教皇国乐队。在发展音乐的同时，他还不断完善教育制度，将梵蒂冈学院和罗马城市学院合并成现在罗马大学的前身，他还在大学内设置了希腊学院，使得当时趋于没落的希腊文化的研究又日渐兴盛起来。与此同时，他还在佛罗伦萨成立了美第奇学院，成立了希腊文学系，并出版了当时第一部完备的希腊、拉丁文词典。他在位期间，罗马宫廷不再是一个政治活动场所，更像是一个人才的聚集地，学者、诗人、教育家及音乐家都受到了热情的款待和保护。

朱利奥·迪·朱利亚诺·德·美第奇

1523年，朱利奥·迪·朱利亚诺·德·美第奇担任教皇，取名克莱门特七世。他在位期间，教皇国正面临着内忧外患，不久，罗马城遭到洗劫，教皇无计可施只好与侵略者签订了和约，但同时也使得佛罗伦萨重回美第奇家族的怀抱。可以这么说，克莱门特七世缺乏治国谋略，但他对艺术的推动作用也不可小觑。他在位期间，一改前任轻视文人和艺术家的做法，重新恢复了对文人和艺术家的赞助与保护，使得罗马城的文化在被洗劫之后又获得了新的发展。他将梵蒂冈图书馆的藏书规模进一步扩大，接着继续修建圣彼得大教堂，并且完成了圣·达马索庭院的建造。而拉斐尔的画作《基督变容》及米开朗琪罗为西斯廷教堂所画的《最后的审判》也诞生于这一时期。

美第奇的后代如科西莫一世、科西莫三世等人将家族的艺术赞助传统发扬光大，为后世创造了一批又一批的艺术文化遗产。但他们对艺术的赞助并不是凭空而来的。

首先，这是对政治的扩张及控制方式。在佛罗伦萨，美第奇家族并不是唯一的家族，当时还并存着与之抗衡的其他贵族。美第奇家族要想在政治上夺得统治权，就必须顺应历史潮流。佛罗伦萨向来注重艺术的发展，自然会有艺术赞助的传统。美第奇家族为了赢得公众支持，获得政治声誉，巩固统治地位，扩大在佛罗伦萨的影响，就必须尊重及延续这一传统。乔凡尼首先在古老的社团宗教活动中看到了艺术赞助的重要性，并将这一传统发扬光大，由此迅速奠定了美第奇家族在佛罗伦萨的地位。而科西莫从小便注重社区事业的发展，而这一事业也促进了其政治地位的巩固，助其成为佛罗伦萨的“无冕之

王”，奠定了整个美第奇家族在佛罗伦萨的统治地位。可以说，赞助是美第奇家族重要的政治手段之一。

其次，这是个人荣誉的象征。从以上的介绍中可以看出，美第奇家族各位成员对于艺术的热爱已经达到了疯狂的程度，无论是科西莫、洛伦佐，还是后来的科西莫一世，当时大多数的艺术家及文人都接受过他们的赞助。他们具有非凡的鉴赏能力。洛伦佐不仅是文艺复兴的提倡者，而且还是参与者，他不仅是赞助人还是艺术鉴赏家、评论家、诗人，创作了许多诗作。作为统治者，他们经常邀请艺术家及文人到自己的宫殿讨论艺术、哲学等问题，而且还时常共进晚餐。

最后，以此寻求心灵的解脱。虽然文艺复兴时期的宗教面临着改革，但宗教的影响还是不能被忽视的。科西莫是一个虔诚的基督教徒，《圣经》中明文规定“不可放贷向他人取利”，这就使得美第奇家族从事的银行业与基督教义相背离，自然引起了宗教人士及社会的反感。科西莫想要获得心理上的解脱就必须要把自己所赚的钱拿出来为城市做些贡献，以此来减轻人们对其的反感，实现心灵的救赎。于是他就在当时教皇的建议下花重金建造了圣马可修道院，这项费用几乎是他从事银行业所赚的全部。无论是出于个人原因，还是出于社会原因，总之在美第奇家族统治佛罗伦萨期间形成了良好的艺术氛围，使得佛罗伦萨能够成为文艺复兴的重镇。现在佛罗伦萨甚至意大利的许多地区的雄伟的建筑与美第奇家族都有很大的关联，他们给佛罗伦萨甚至整个世界都留下了宝贵的物质和精神财富。他们不仅是文艺复

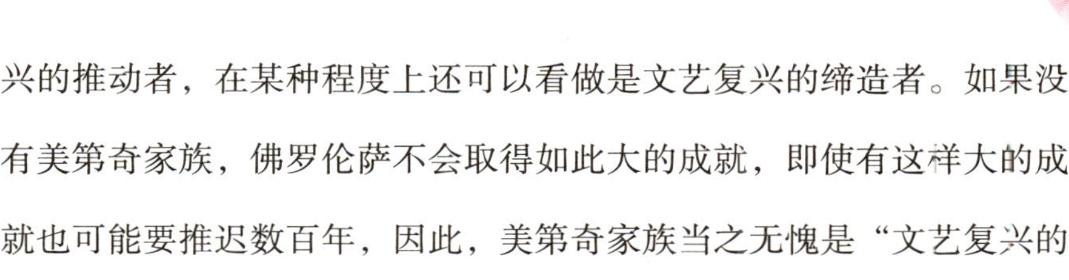

兴的推动者，在某种程度上还可以看做是文艺复兴的缔造者。如果没有美第奇家族，佛罗伦萨不会取得如此大的成就，即使有这样大的成就也可能要推迟数百年，因此，美第奇家族当之无愧是“文艺复兴的教父”。

美第奇家族的影响

美第奇家族赞助、保护艺术家与文人，尊重他们的艺术创造，并且不以时事论英雄。

也就是说他们所赞助的并不都是主流艺术家，他们更加看重的是艺术家的才能，而不是他们的影响。也正是由于这个原因，才使佛罗伦萨的艺术界不断地涌现出一批又一批的人才，从而成就了佛罗伦萨。他们在艺术方面的影响是多方面的，如建筑、绘画、文学、雕刻，甚至图书馆事业也在他们资助的范围之内。许多著名的艺术家及学者都在他们的资助下实现了自己的艺术理想。

15世纪，意大利的美术异军突起，发展并兴盛起来。首先是壁画这一艺术形式走进了人们的视野，紧接着是雕塑，各种艺术形式从宗教的枷锁中一一解放出来，在宗教许可的范围内进行了全新的艺术尝试，意大利借此契机率先迈向了文艺复兴之路。而这一时期的代表是吉贝尔蒂，他的最著名的作品就是被米开朗琪罗称为“天堂之门”的佛罗伦萨洗礼堂的大门浮雕。1401年，佛罗伦萨洗礼堂大门设计举行了公开竞标，这也是美第奇创始人乔凡尼第一次参加赞助艺术活动，

佛罗伦萨洗礼堂大门上的浮雕设计

吉贝尔蒂在这次竞赛中获得了第一名。洛伦佐·吉贝尔蒂是文艺复兴早期的雕塑家，可以说是一位过渡性的人物，他既具备哥特式的美学艺术气质同时又兼具文艺复兴时期的艺术理念，创作涉及不同的领域。他从小就学习首饰加工工艺，跟随当时佛罗伦萨著名的金银匠学习，非常熟练地掌握了青铜器的雕刻技巧，并由此确定了自己的终身事业。在作品中，他非常善于运用宗教因素，将其世俗化，受到了艺术界的广泛赞誉。作为当时重要的宗教活动场所，洗礼堂的铜门设计当然也被格外的重视。就在这一次的浮雕设计大赛中，年仅20岁的吉贝尔蒂参加了比赛，并且成功地击败了当时一些知名的雕刻艺术家，自此声名鹊起。他耗费了21年的时间完成了洗礼堂第二座大门的浮雕创作，而第三座大门的创作耗费的时间更长，共用了27年，正所谓慢工出细活，虽然创作这几座大门耗费的时间很长，但他给后人留下的却是一件叹为观止的艺术品。在雕刻中他运用了绘画的透视技术，同时又与人体解剖知识相结合，使雕刻显得十分真实，像一幅立体的绘画，使人有种置身于大自然的感觉。这一作品是真实与自我创作的完美融合，因此也赢得了“天堂之门”的美誉。

在美第奇家族所赞助的建筑中，不能不提到佛罗伦萨主教堂的穹隆顶设计，这也是美第奇家族赞助史上所创造的一个奇迹。当时佛罗伦萨为圣母百花大教堂的圆顶设计举行了公开的招标，建筑怪才布鲁内莱斯基参加并最终获得了成功，但这一过程并非一帆风顺，他是经过了长期的上访才争取来了机会。其实在洗礼堂的公开竞赛中，他也曾参加过，并且提交了作品“以撒的牺牲”的式样。它可以称得上是他雕塑生涯的高峰，他在这个作品中将故事情节最具戏剧性的一幕刻画得淋漓尽致，人物活动栩栩如生，却败给了当时初出茅庐的吉贝尔蒂，这在他看来是奇耻大辱，此后他便放弃了雕刻而转向了建筑。圣母百花大教堂始建于1296年，在14世纪中期前后完成了中堂，接着建造极其复杂的八角建筑。如何建造八角建筑上的拱顶，使当时很多设计师陷入了争论当中，布鲁内莱斯基提出了覆盖圆顶的方法，这才成功地解决了这一建筑难题。布鲁内莱斯基不仅提出了建造的方法，在当时技术相对落后的14世纪，他还发明了建造圆顶的机械，又设计了圆顶上的塔形天窗及侧面的半圆形讲堂。在征集建造模型时，许多人都提交了模型，但是最后决定使用布鲁内莱斯基的模型。从这一模型可以看出，穹顶在建造时放弃采用了传统的木制框架结构或者是传统支架，而是将人字形砖砌入石梁框架间。

美第奇家族的赞助成就了许多人，其中不少人还成为文艺复兴的领军人物，米开朗琪罗就是其中一位。他很早便跟随一位著名画师学习，在那里，他迅速掌握了各种绘画技巧。如果说这只是他事业的

一个起点，那洛伦佐开办的“自由美术学校”便是他事业的奠基石。在画室掌握的绘画技巧，加上个人的努力使得他备受洛伦佐的赏识与关注。由于经常出入宫殿，米开朗琪罗结识了一些人文主义诗人、学者，他们对他以后的人文主义思想的形成起到了关键性的作用。洛伦佐曾在宫殿中开设了一个“柏拉图学院”，这个学院聚集了很多著名的学者与文人，他们在洛伦佐的支持下，形成了作为文艺复兴思想基础的思想体系——人文主义，这一思想的核心就是要将世界归还于人们，将人归还于人本身，使人作为一个独立的个体，而不是任何团体或组织的附庸。要将科学、文学和艺术作为人们的独立感受归还给人自身，人类自由的灵魂不应再受任何束缚，不应再被捆绑在教条上。米开朗琪罗接受了这一思想，并时常聆听著名人士的演说，其中给他触动最大的就是著名的宗教改革家、修道士萨伏纳罗拉的演说，他勇于揭露教会的黑暗，试图唤醒人们从对教会盲目的信仰中解脱出来。这位为了拯救人类灵魂而不惧怕教会审判的勇士给了米开朗琪罗深深的震撼。在洛伦佐死后，米开朗琪罗失去了庇护，辗转去过威尼斯和波伦亚，并最终在罗马找到了机会。罗马的古代建筑林立，使米开朗琪罗找到了灵感，他受法国红衣主教的委托，为圣彼得大教堂制作了《哀悼基督》的雕像。也正是由于这一雕像，使得米开朗琪罗在罗马崭露头角，成了雕塑界的新秀。不久，他重回佛罗伦萨，完成了他不朽的艺术作品《大卫》。它安置于韦吉奥宫的正门前，成为佛罗伦萨守护者和民主的象征。但是天才总是招人嫉妒，当时教皇的艺术总监

波拉曼十分嫉妒米开朗琪罗的才能，他唆使教皇让米开朗琪罗绘制西斯廷教堂的天顶壁画。米开朗琪罗以他超人的智慧和非凡的艺术才能完成了惊世之作《创世纪》，它成为文艺复兴的代表作之一。米开朗琪罗的成功离不开他自身的艺术才能，但是美第奇家族的赞助为他一生的艺术成就奠定了基础，最终使他成为文艺复兴的代表人物，并为后世留下了宝贵的艺术财富。

米开朗琪罗创作的《哀悼基督》

任何一种文化新局面的开创不可或缺的就是人才，美第奇家族深刻地认识到了这一点，将培养和重用人才作为艺术赞助的一个重要方面。科西莫遭驱逐后又被迎接回国，他的政敌阿尔帕奇家族已被长老会驱逐，但是原来的文书长、杰出的人文主义者布鲁尼却被科西莫重用。布鲁尼一直与美第奇家族保持着密切的联系，并为文艺复兴运动做出了重要贡献，死后受到了国葬的礼遇。美第奇家族不仅重用国内的人才，而且还注意吸收国外的优秀人才，其中最为重要的是对东罗马人才的招纳。科西莫曾召开过一次宗教会议，这次会议不仅是宗教文化的交流，还是一次东西文化的碰撞。佛罗伦萨借此机会吸引了大

批的人才。在这次会议上，东西方有名的教士、文人学者聚集佛罗伦萨，东罗马著名的人文主义者、柏拉图研究者布鲁托公开阐释和宣扬了自己的观点，并做了关于柏拉图《对话录》的演讲。这也是意大利人第一次接触柏拉图的这部著作。布鲁托还专门为与会的人文主义者编写了《论柏拉图和亚里士多德哲学的区别》的小册子。精彩的演讲、新颖的观点使得意大利的人文主义者如沐春风，人们接触到了一种与在公立学校和哲学研究机构所接触到的亚里士多德学说相背离的一种全新的哲学理念。这次会议引起了巨大的轰动。在这次会议之后，许多东罗马知识分子归国后不久就重返意大利并在此定居，受到了科西莫等人的热情款待。科西莫的热情好客给来自异乡的文人学者留下了深刻的印象。14年后当君士坦丁堡陷落后，许多文人学者带着大批宝贵的艺术品和满腹学识逃亡意大利，并受到科西莫的欢迎，得到了隆重的欢迎和体面的尊重。

在吸收外来学者的同时，美第奇家族还不忘培养有才华的青年人。科西莫曾出资让菲奇诺学习希腊语，还赞助兰诺奇完成了诗歌与古典文学的学习。他们两个人不负众望，成为著名的人文主义者。很多青年的学者受益于美第奇家族的赞助和培养，得到了不少的锻炼机会。当时美第奇家族还聘请了刚满20岁的波蒂彻利为宫廷画师，使这位年轻人得到了帮助和鼓励，同时也得到了丰厚的报酬和优越的生活。洛伦佐还为当时的许多年轻雕刻家创办了雕刻学校，在雕刻学校里有很多优秀的雕刻艺术品，可以供年轻雕刻家学习和模仿，使得一些人能够像米开朗琪罗那样崭露头角。美第奇家族不仅注重吸引人才而且注重兴办学校。科西莫听了布鲁托的演讲后就萌生了建造一所柏拉图学院的想法，可惜这一愿望一直未能实现，直到科西莫发现了年轻而又才华出众的菲奇诺，委以重任，才使得这一理想变成现实。他们建造了柏拉图学院，把它打造成了第一个世俗文化的学科研究机构，因为在此之前研究的主要重点都是在对宗教的研究上。

众所周知，文艺复兴是在复兴古希腊、古罗马的名义下进行的。人们在接触了大量的古希腊、古罗马的古籍后，认为可以以此作为推翻宗教统治的利器，在此基础上，进行一次影响整个欧洲乃至世界的运动。但当时的图书馆事业并不发达，人们所接触的古籍也相当有限，在科西莫的推动下，佛罗伦萨的图书馆事业才得以蓬勃发展起来。为了能够适应这一时期人们对于文献的需求，科西莫开始着手建立图书馆。他先后建立了圣马可修道院图书馆和美第奇家族图书馆，并且使它们具备了一定的规模。当时很多著名的学者文人如饥似渴地在此汲取古代文化的精髓。而“豪华者洛伦佐”与他的先人比起来也有过之而无不及。他不仅支持创办了学校，还创立了洛伦佐图书馆，继续扩充父辈留下的图书馆。1808年，意大利将美第奇家族图书馆合并到洛伦佐图书馆，更名为“美第奇·洛伦佐图书馆”。这个图书馆收藏了美第奇家族历代收藏的珍贵的古籍资料，并且藏有世界上最具价值的珍贵手稿。它与意大利的马拉特斯坦图书馆和我国宁波的天一阁藏书楼并称为世界最古老的三大家族图书馆。这也体现了洛伦佐图

书馆在世界上的重要地位。

有了图书馆，就得有藏书。洛伦佐和他的父亲科西莫对于书籍的搜集达到了一种狂热的地步。科西莫四处联络朋友、各地传教士帮忙搜集古籍图书，甚至出资去欧洲各地、东罗马、埃及、希腊等地区搜集，在他的努力下，到1524年美第奇图书馆已经藏书达10000册，其中包括大量的古希腊、古罗马的著作及一些价值连城的书稿，如查丁尼《法学会纂》的原稿和西塞罗的手稿等。在他们的影响下，除威尼斯与佛罗伦萨外，意大利其他各城的贵族们对图书收集的热情也被带动起来，并且一直持续了整个世纪。所以说美第奇家族不仅使藏书成为这一时代的风尚，还为世界留下了珍贵的手稿等财富及大量的研究文艺复兴的重要文献。美第奇家族不仅注重图书的收藏，还注重挖掘人才，因为图书事业的发展需要大批的管理人才。其中最出名的是尼利科，他是科西莫亲自任命的图书馆大臣，主要负责图书收集工作及管理工作。尼利科是一个嗜书如命的人，因收藏图书而破产。科西莫慧眼识人，将尼利科安排到图书馆工作，并且给他开了一个可以无限支付的银行账户，他可以一直支付，直到去世。他也不负众望，在去世之前将他收藏的80万册图书向公众开放。但在他生前还有不少的欠款，科西莫为其偿清了欠款，并将他搜集的图书保存起来，向公众开放。

对于那些外出搜集图书的人员及图书馆的抄写人员，美第奇家族都给予了足够的尊重及信任。美第奇家族所建造的最著名的图书

馆——圣马可图书馆，不仅收藏着大量的古籍，而且还向公众免费开放。他们摒弃了图书馆只为一小部分有特权的人开放的规定，使得这座图书馆成了名副其实的公众图书馆。在建馆的初期，科西莫就考虑到了图书馆的面对公众开放问题。他认为如果收藏的图书只给特权人士开放，或者是封存起来，那就体现不出图书搜集的价值。因此他下令图书馆免费向学生和教师开放。在以后建造的美第奇图书馆和洛伦佐图书馆都沿用了这一理念，这样就使得具备一定知识的人能够接触到古典文化，促使了古典文化的传播。

因此美第奇家族对文艺复兴的影响，不仅表现在对艺术家、文人的赞助上，还表现在对古典文化的传播上。他们不仅使人们能够广泛接受人文主义思想，还培养了大批人才进行人文主义思想的传播，不断推动文艺复兴向前发展。

圣马可广场的图书馆

三部分

百花齐放的文艺复兴

文艺复兴应该说是一场继往开来的运动，它既是对过去的一种思考也是对将来的一种谋划。在这场运动中人文主义者高举两面大旗——“现世艺术”和“人文主义”，就像我国五四运动高举“民主”与“科学”两面大旗一样。人文主义者以一种全新的姿态站在了历史的舞台上，在他们的召唤下，欧洲各国的政治、经济、文化等各个方面都发生了巨大变化，不同领域的科学以全新的面貌出现。

西斯廷礼拜堂壁画

第一章 文艺复兴之花竞相开放

文艺复兴对宗教的撼动

在那个时期，人们的道德评判标准往往是与他们对上帝的认识密切相关的，换句话说，也就是与这个国家对神统治世界的信仰的认识程度密切联系在一起的，而不管这一信仰是把这个世界看成是幸福的还是不幸的。众所周知，此时的意大利对于上帝的信仰是动摇的，许多人在想尽各种办法找寻宗教的种种不是。幸运的是，这些人找到了而且找到了不少。

早期，意大利人从教会那里学到了很多，如对上帝的信仰。但随着发展，教会变得十分腐败，这时的人们开始对其远离甚至想推翻它。这说起来容易做起来却很难，教会是不会甘于退出舞台的，它会想方设法阻止这一切的发生。也许人们会有疑惑，为什么意大利这种极具智慧的民族没有出现像德意志那样的宗教改革运动来反抗教会的统治？这主要是因为意大利人的思想没有受到教会的控制，也可以说，没有在教会控制的范围内。而德意志的宗教发展得益于它的积极

教义，当教会腐败的时候，便催生了德意志的宗教改革。不管怎样，意大利早期的宗教运动，无论是从13世纪的神秘主义者还是到萨瓦纳罗拉，都是有很多积极的教义的。

《圣墓前的圣女们》

当文艺复兴达到高潮时，社会的上层及中层对教会的感情很复杂，其中夹杂着极端的蔑视与反感，但出于对宗教的习惯和对圣礼与圣典的信任，他们又不得不承认宗教的权威。文艺复兴时期，意大利的文学中有不少的作家和文人反映出了对宗教统治的不满，如但丁的《神曲》、薄伽丘的《十日谈》中都揭露了教会的腐败、教士的贪婪淫欲。在对教会的批判当中，修道士是被批判得最凶的，因为他们是最不受欢迎的阶层。

在薄伽丘的《十日谈》和弗朗哥·萨克蒂的小说中可以看到辱骂修女和修道士的词比比皆是。等到了宗教改革时期，这种辱骂更加变本加厉了。当时很多的著作都是以一种愤怒的语调写出来的，目的就是引起人们的愤怒。当时很多教士为了让人们相信上帝显灵，不惜捏造事实，以此来愚弄人们，这使得当时有思想的人们不得不喊出自己的声音。意大利史上曾有这样的记载，那些僧侣到各地募捐，欺骗、

偷盗、私通，当所有的手段用尽之后，他们开始伪造，有的拿出了某位圣人的驴缰绳，有的假扮成瞎子，还有的假装成饱受病痛折磨的病人，触摸圣器后，瞬间治愈。当然旁边还有一些煽风点火的人，这些人高喊“上帝慈悲”，接着钟声响了，这庄严而又神圣的一刻便被记载在史册。他们还使用这样的小伎俩：当修道士正在布道时，突然冲进一个人大喊：“一派胡言，这是愚弄市民的把戏。”这时这位修道士不但不生气，还走到那个人的面前，向他耐心宣扬上帝的仁爱、慈悲，于是在修道士的感化下，这个人皈依基督教。其实这是修道士早已安排好的一出戏，他们这样做不是为了给人们的生活增添乐趣，而是想要人们钱袋里叮叮当当响的钱，以便从枢机主教那里购买到一个主教的职位，这样他们就可以依靠这一职位过上富裕的生活。当时“圣芳济会派”与“多密尼克会派”两派打得不亦乐乎，人们甚至陷入了两派的争论当中，但实际上他们是一丘之貉。

当然这些僧侣制造的“奇迹”不止这些，他们不但愚弄普通民众，而且将触角伸向了统治阶级。在费兰特时代，他们曾经试图说服弗兰特对犹太人进行大规模的迫害，他们甚至制造了一个石碣，称这一石碣上刻着圣加达德的名字，曾经埋在塔伦图某个地方，现在被发掘出来。费兰特没有轻信他们的话，经过调查后发现这是一个欺骗行为，僧侣见事情败露，对他进行了公然的反抗。

15世纪后半期，多密尼克修道院的异端裁判所的法官们做出的决定也给这个城市带来了一定的影响，使人们不再像以前那样对宗教保

位于中央的红衣主教

持敬畏和盲目的信仰。人们已经能够轻易地摆脱信仰异教的罪名，因为那时的宗教的威力已经不足以像以前那样以思想罪来对人们进行惩罚。当然除非有一个强有力的政党为了铲除自己的政敌而借助宗教的力量，使自己的行为合法化。那些裁判所的法官往往会以极端浅薄可笑的理由撤销对当事人的控诉。即使有人被判处死刑，也有人会在去往刑场的路上将犯人救下，而宗教势力对于这种情况却无能为力。比如一个叫尼科洛的教士在圣多密尼克礼拜堂前被撤职并被处以火刑，理由是他当众表演魔术亵渎了《圣经》。那时魔术被视为妖术并且禁止在公众面前表演。在押往刑场的过程中，戏剧性的一幕发生了，尼科洛的朋友阿里奇·阿尔维奇带领着一群人将其救下，而阿里奇·阿尔维奇就是一个声名远播的邪教人物，并且还犯有强奸修女罪。对于这样的人物，当时的枢机主教萨利昂却无可奈何，只好将这一群人的一个处以了绞刑，而尼科洛却平安无事。

尽管教士和修道士面临着种种指责，甚至敌视，但他们还是安

然地生活在这片土地上，过着骄奢淫逸的生活。人们已经习惯于他们的存在。而这种习惯也是任何势力难以改变的。在意大利，几乎每个人都与教会的人认识或者沾亲带故，他们或多或少都会从教会那里得到利益，甚至有些人因此而一夜之间成为富翁。重要的一点是，教会没有阻碍人们的言论自由，人们可以自由地写作和表达自己的观点。在人类发展史上可以找到很多因为限制人们言论自由而爆发暴动的例子。那些稍有学识的人需要一个缺口去表达他们对这个世界的不满，而一旦这个缺口被堵牢，暴动是在所难免的，而意大利的教会就很好地避开了这一纷争。当时在意大利很多文人都发表文章抨击教会，对其进行辛辣的讽刺。著名的讽刺作家弗兰切斯科·贝尔尼也曾在大教堂做过主持，但其言论也没有遭受到封杀。

尽管教会有种种的不是，但人们依然对教会信仰、对圣礼信赖。传统教条对那些没有宗教信仰的人们的影响依然很深刻，而有些将死的人们还想通过教士的帮助洗脱今世犯下的罪孽，以期进入天堂。教会向人们传达的“不可泯灭的神印”的思想在当时还是有着不小的影响，这也造成了这样一个局面：人们可能很讨厌教士本人，但还是期望可以通过他接触上帝，得到神的恩赐。当然还有一些像加莱奥托这样蔑视宗教的人物，他在去世之际都没有得到赦免，而在此之前，他度过了16年的被驱逐出教的生活。

欧洲其他国家的人们可能会因为圣洁僧侣们的讲话而感动，但在意大利，这一感动只是表面的。对于人文主义者来说，他们虽然

与生俱来具备同其他中世纪欧洲人一样的宗教本能，但这个时代给予了他们更强烈的个性。在外部世界的影响和内心世界的双重作用下，他们趋向世俗化。在欧洲其他地区，宗教始终作为一种外部授予的东西，在实际生活中，利己主义和肉欲不可避免地会与信仰和忏悔交替出现。意大利人对与拜占庭和穆斯林人的交往始终保持着一种冷静客观的容忍态度，这就影响了基督教在此地的发展。而当古典文化重新流行起来时，他们从古老东方的迷信中找到了出路，因为文艺复兴时期的意大利染上了一层浓浓的世俗味。这一世俗的态度不是轻薄的而是认真的，它为艺术和诗歌的发展提供了一种不可抗拒的动力。

而文人对于宗教的态度也使得宗教不再像以前那样能够控制人们的思想，因为文人的著作让世人了解到了基督教伪善的面目。这些文人中比较有代表性的是但丁和薄伽丘。但丁启蒙了整个意大利，这么说一点也不为过。他在作品中淋漓尽致地表现了对教会的讥讽。15世纪，古典文化著作被发现并得到了广泛传播，可以说现在我们所能看到的希腊哲学家的所有著作都被翻译成了拉丁文，但也有一个很奇怪的现象，就是那些新文化的积极倡导者、传播者很大一部分是虔诚的上帝的信仰者或者禁欲主义者。

但是这样产生的人文主义却还是被视为异教，随着它的扩大，它越来越成为异教。

这些人文主义者没有一个公开表示自己是无宗教信仰人士，因为在那个年代这样很容易被视为无神论者，从而被打入异教行列当中。研究意大利发展史甚至整个基督教发展史，很容易发现文艺复兴发展的同时并没有急着摆脱宗教的统治，相反两者还和平相处。这主要是因为当时的人们还需要一种共同的信仰，并利用这一信仰推动人文主义的发展。还有一个原因就是教会对于经济发展的推动作用。前面讲佛罗伦萨的时候，就曾提到过教会对于其经济发展的作用，而且教会的存在使意大利与其他欧洲国家的联系更加便利，因为毕竟当时教会的地位还是不可动摇的，教会在各地设立了各种的税收征收场所及通兑业务，这成为意大利经济发展中一股不可忽视的力量。

每一个事物的存在都有它的合理之处，我们虽不能说“存在即是合理”，但是在当时意大利那样一个大的文化背景之下，教会的存在还是有它的合理之处。文艺复兴与教会就像两块磁铁，有彼此吸引的时候当然也会有排斥的时候，正是这样的吸引和排斥诠释了教会存在的合理性。

科学之光与文艺复兴

任何民族，科学的发展都要经历一个从懵懂到逐渐明晰的过程。在这期间，可能会夹杂着恐惧，甚至对传统学说的迷信，但只有突破了这一障碍，科学才会很好地发展。当别的民族对自然采取一种漠视的态度时，意大利这个民族开始重视研究自然。很多研究自然科学的意大利人对但丁的《神曲》津津乐道，因为他们从这部书中找到了但

丁对自然科学探究的兴趣的暗示或者证据。一些自然问题是不是他最先发现的，这个暂不讨论，但他在《神曲》中表现出来的对外部世界丰富的知识就足以让意大利自然科学研究者为之动容。但丁从自然界或者从人类现实社会中汲取知识，再加以运用，而这一切并不仅仅是点缀，而是为了帮助读者更好地理解他所描述的事物，这一点，他比近代诗人做得要好。

但丁像

在天文方面，但丁是以学者、专家的身份出现的，他的许多诗篇中都有关于天文学的内容。尽管现在看起来学究气很浓，但当时的读者并不这么看待。除了专门的天文学知识外，他还谈到了关于天空的一些通俗知识。因为意大利是一个航海民族，所以他们对于天文的兴趣很浓烈。那时与星象发生关系的伪科学非常盛行。意大利人喜欢研究这个，他们希望能够洞察未来、了解自我命运。当时的教会对于伪科学采取了宽容的态度，对于真科学，只要有人揭发这是异端或者是巫术，教会就会立刻采取敌视的态度。多密尼克会的异教徒审判所的法官们出于对自然科学实验的憎恨或者是应某些犯人的政敌的要求对犯人做出审判。其中比较出名的就是，阿尔巴诺一位著名的医生彼埃特罗遭

到了另一个医学家的妒忌，被异教徒审判所加诸于异端和使用幻术的罪名，最后被判处了死刑。与他同时代的乔万尼诺·桑圭纳奇也被诬告，就因为他是一个著名的医学革新者，幸运的是他只被处以流放罪而幸免于难。意大利的宗教审判并不是一成不变、绝对权威的。14世纪，君主和自由城邦有时以一种极其蔑视的态度对待教会人士，因而教会对于那些极端违反宗教的人也无能为力。而在15世纪，古典文化盛行并且成为意大利研究的主流，教会对科学的研究就更加无能为力了。

人文主义盛行的时候，很多研究自然科学的人都被古典文学所吸引，渐渐的，研究自然科学的人越来越少。但宗教审判所并没有放过这些人。他们将医生作为亵渎神明、使用幻术的巫师，对他们施以惩罚或者将他们烧死。虽然现在很难判断这种判罪背后真正的动机是什么。托斯卡内利、达·芬奇等人在自然科学上所取得的成就是无人可及的。数学研究的兴起，伴随着希腊知识和生活准则的复活。众所周知，15世纪时，古希腊、古罗马的古籍大量涌入欧洲，人们认为自然界是按照数学方式设计的，有着十分和谐优美的排列组合。那时的数学家和科学家没有公开地违背教义，而是在教义的基础上提出了一个新的理论：上帝按照数学的方式创造了整个大自然。他们将上帝描述为一个至高无上的数学家，这使得数学这一学科的研究成为一项合法的宗教活动，这样也鼓舞了之后数学家们的研究。当时数学家们被视为神学家，只不过他们是用研究自然取代了研究《圣经》。

除了对天文、数学的研究外，意大利人对植物的研究也情有独钟，这也是他们兴趣广泛并且博学多才的有力证据。意大利人一直自诩是植物园的主要创建者，虽然这些植物园可能是为了实用的目的而建造。当时奢华的生活风气盛行，君主和富翁除了有一座宏伟的别墅当然还需要一座可以用来游玩的花园。所以在建造花园时，他们自然会注重搜集各式各样不同的植物。其中比较著名的就是美第奇家族加里吉别墅的壮丽的庭院。从史料中可以看出，这里几乎可以称得上是一座植物园，因为它汇集了无数奇花异草。16世纪特流齐奥枢机主教的花园也属于同一个类型，他们用各种不同类型的玫瑰花圈成篱笆，还配有各种不同的树木，而果树的种类尤为惊人，一个花园往往种植有20多种果树。这与当时西欧其他国家的宫廷和修道院的花园很不同。

意大利人不光对植物表现出了浓厚的兴趣，对动物也有很强的好奇心，他们喜欢动物，并不仅仅是为了观赏，还有其他目的。由于意大利拥有便利的海运，使得它能够从南方运来比较大型的动物，或者接受苏丹送来的礼物。很多城市的君主特别渴望饲养一头狮子，尽管他们不像佛罗伦萨人那样，将狮子作为他们国家的象征。在他们看来，狮子能起到威慑的作用。它的健康状况往往会被视为某种吉祥或是厄运的象征，特别是当这些猛兽多产的时候，会被视为繁荣的象征，而那些小狮子常常被送给君主们，或者是送给佣兵队的队长以嘉奖他们的勇敢。除狮子外，佛罗伦萨人在很早的时候就开始饲养豹子，并派有专门的人看护。到了15世纪末，很多君主都有了自己的动物园，而它们也被视为宫廷设施的一部分。

动物学研究逐步在意大利盛行，其中最明显的就是育马场的建立，曼图亚育马场就是一个实证。十字军的东征为两大洲的马种的杂交提供了便利条件。当然除了动物园之外，意大利还不乏“人类动物园”，当时有名的枢机主教伊波利托·德·伊波利托·美第奇就在他的宫殿里饲养了一批野蛮人，他们操着20多种不同的语言，其中有鞑靼人、黑人、印度人和土耳其人，他们会各种不同的技艺，比如射箭、摔跤、潜水等。当他们慷慨的赞助人不幸去世的时候，他们穿着本民族的衣服表达了对这位枢机主教的深切哀悼。

意大利科学的发展虽然不像文学那样影响深远，但也涌现出了一批著名的科学家，他们不仅在化学、数学及人体的研究上做出了巨大贡献，还在绘画、雕塑、建筑等方面产生了很大的影响。可以这么说，科学的发展在一定程度上也推动了其他方面的发展。

民俗的改变

文明的形成不仅在政治、宗教、科学和艺术上打下了烙印，还在社交生活中留下了些许印记。

意大利在文艺复兴时期所表现出来的民俗与中世纪完全不同，当时的社交形式完全超出了人们的想象，最高级、最完美的社交不论等级差别，完全建立在受教育的基础之上，人们在社交场所谈论的不再

神父招贴画。15世纪末天主教会极其腐败。根据这幅画的描绘，魔鬼装扮成了神父的样子。

是出身和家世。毫无疑问，12世纪以来，贵族和市民杂居相处，从而使得这两个阶级的兴趣爱好得到了很好的协调。在意大利，教会没有沦为那些贵族家庭长子之外的子弟的“避难所”，虽然也会出于某种“理由”提供给某些人主教、修道院长、大教堂住持等职位，但却不是按照候补人门第高低来任命的。但丁时代，意大利人深受新的文学和诗歌的影响，对古典文化复兴产生了浓厚的兴趣；手握兵权的雇佣兵队长成为君主，这似乎昭示着平等的时代已经到来，贵族的信仰在慢慢地消失。

随着时间的推移，人文主义对意大利的影响越来越大。到了15世纪，那些认为只有门第才能决定一个人才能的世俗成见被人嘲笑。洛伦佐开始偏袒贵族，并不是因为他天生对贵族有好感，而是认为贵族的存在是合理的。但他的看法并没有得到文人的认同，他们认为，只有真正追求美好的人才能称为贵族，而一个人要想成为贵族主要是依靠他的行为而不是他的出身。当时在意大利生活的许多贵族既不工作也不经营事业，耻于从事商业，但他们却拥有自己的土地，因此他们获得了一个称号——一种值得尊敬的但却是乡下的贵族。威尼斯是一个例外，因为这里的“贵族”与他们同胞们的生活方式并无差异，仅有的差别就是在名誉上的特权。而在那不勒斯，贵族却是真正的贵族，他们过着与世隔绝的生活，奢侈浮华的生活方式使得他们徘徊在文艺复兴这条路之外。在社交场合中这些贵族不再占据主要地位，只能称得上是占有一席之地。他们开始展现这样的姿态：希望能与其他阶级以平等的方式对话、交往，并且能在学术和艺术上寻求一种天然的同盟。但在当时，这是不可能的。因为一个人如果没有了贵族的身份，他的个人价值也会随之降低。当然也没有任何一条规定说君主交往的对象只能是贵族，美第奇家族统治佛罗伦萨期间，他们除了接触贵族之外，还广泛资助那些有才气的文人和艺术家。

出身显贵的人不再被赋予各种特权，在这种情况下，个人只能尽量发挥自身的优点，而社会的发展也同样是这样要求的，于是个人的风度及一些较高形式的社交手段成为人们不断追求的目标。这一点主要表现在男女的穿着打扮及生活习惯上，这就使得意大利人比其他民族更加追求高雅与优美。从意大利现存的建筑中可以看出，当时人们居住的地方无疑是一座座艺术品，成了艺术史的典范。他们的住所在舒适度、整洁及与周围环境的协调上远远超过了其他国家贵族的住所。而当时人们的装束、服装的式样也不断发生着改变，从意大利画家们的画中可以看出，他们的服装应该是欧洲最舒适方便的，也是最

赏心悦目的。没有一个地方像意大利那样重视服装。从意大利整个的发展史可以看出，这是一个爱慕虚荣的国家，在当时甚至一些严肃、认真的人也会把漂亮、合体的衣服看做是人完美的一个重要标志。在佛罗伦萨，每个人可以根据自己的喜好设计服装。

文艺复兴时期意大利人的服装

文艺复兴时期，威尼斯、佛罗伦萨明文规定限制女人服装的奢侈及统一男人服装的样式，这使得一些道学家不无遗憾，因为贵族和普通市民在穿着上已经没有什么区别了。

但是女人天生爱美，她们总是想尽办法打扮自己，在这种情况下她们就用化妆装扮自己。应该说自罗马帝国灭亡之后，欧洲没有一个国家像意大利那样会不厌其烦地用化妆来改变自己的容貌、肤色甚至头发的长度。在意大利，用的最多的是假发，这些假发用白色或者黄色的蚕丝做成，在现在一些表现14、15世纪欧洲的戏剧里面还可以看到这些假发。当时法律条文明文禁止佩戴假发，甚至利用教义来感化这些戴假发者，但收效甚微。有人甚至采取极端方式，在中心广场上堆积很高的柴堆，烧掉大批的假发，希望通过这种方式消除假发的盛行，但无济于事。那时的人们所喜欢的发色都是金黄色的，他们不惜用染料混合其他药物来达到这种效果。除此之外，女性还在脸上涂抹一些东西，如油膏、美颜水及脂粉，她们的疯狂程度甚至让自诩处在高度发达的社会的今人都难以想象。世人的嘲笑、说教者的怒斥及这些化妆品所带来的负面反应，都不能阻止她们的爱美之心。不光生活在城市的女性这样，就连居住在乡下、相对封闭的乡间妇女也争相学习。劝解者对她们说化妆是高等级女性才做的，最最可敬的妇女是终年不施粉黛的，这样的劝解起到了一定的作用，但在节日里仍然阻挡不了她们。除了假发、化妆外，女人当然还离不开香水，她们对香水的运用也超过了一定的度。香水被使用在一切可以与人接触的物体上。在节日里，可怜的骡子也被涂上了香水和油膏，这当然不是它们的选择。当时的意大利人认为自己比其他国家的人更清洁，从文艺复兴的代表人物的着装举止上就可以看出他们对于清洁是十分注意的，尤其是用餐的时候。

不可否认，15世纪及16世纪早期，世界上其他地方的人们对外表的重视远远不及意大利。除此之外，很多舒适的东西也是首先在意大利出现的。比如意大利的许多城市的街道非常宽阔、平坦。在一些作品中，我们可以对意大利柔软而有弹性的床、名贵的家具、珍贵的地毯……有所认识，而这一切在其他国家都没有听说过。文艺复兴开始后，这些渗透到生活的各个角落，得到了更多的保护和赞助，起码使得意大利在装饰艺术方面远远超过了其他国家。

社交也是一种艺术，它有默认的或者已经成文的规则，并且在此规则上进行。那些不是十分高雅的社交圈，采取的往往是一种永久性社团的形式。佛罗伦萨的很多艺术家就采取了这种方式。在那些较为轻松的社交集会中，他们找一位漂亮的女性作为当晚的主席，她所说的话就是法律。在薄伽丘的《十日谈》的前言部分就可以看到他所虚构的芭比尼亚做主席的故事。虽然是虚构的，但还是可以找到现实原型的。距薄伽丘写的那篇文章后的两个世纪，也有人曾以同样的方式写了一篇文章，而这篇文章更接近于真实。故事中女主席发表了一篇正式演说，讲述了一群人准备以什么方式度过在乡下的时光：早晨起来在山间漫步，探讨一些哲学问题；然后用早餐，听高雅音乐；接下来就是找一块阴凉的地方朗诵新诗，而题目早在前一晚规定好了；晚上的时候，来到泉水边，坐下来，每个人讲一个故事，最后晚餐并伴有活泼生动的讲话。可以看出，女主席拥有了绝对的权利，她规定了一天的活动，包括时间及活动的形式，甚至连谈话的方式都由她负责。他们并不是随意的，而是要遵循秩序和礼貌规范，并且还要注意怎样使得这样严肃、健康的讨论富于变化，更加吸引每一个人。而人们对于那种高贵的社交方式的要求更高，只有那些名誉不受到损害的女性才可以成为主席。

前面提到，意大利的社交方式与其他各国明显不同的地方在于阶级之间可以自由地交往。庆典时，全民族共同参与，而节目表演主要分为两种形式：一种是奇迹剧的演出，另一种则是游行活动，而这两种活动或多或少都带有宗教的性质。意大利的奇迹剧正如其名那样，一开始的时候就表现得比较壮观，而且深受诗歌和其他艺术形式的影响。经过一段时间的演化，奇迹剧分化出闹剧、普通话剧及哑剧。而在意大利宽阔的街道上举行的规模宏大的游行，逐步发展成为“凯旋式”，人们无论是乘车还是步行都化着各式各样的妆，进行不同的装扮，而这一活动的宗教性质逐步被世俗所替代。同样，狂欢节等活动也是以此方式进行的。这给以后皇家或者君主的巡游提供了很好的榜样。虽然其他国家竞相模仿，但只有在意大利这样一个充满艺术气息的国家，才能将游行安排成一个和谐而有意义的整体。提到意大利的节目演出优于其他国家的时候，不能不指出那种具有个人形式的艺术特征的发展。在表演中，画家、雕塑家通常会设计面具，并用戏剧的技巧赋予其表现力。他们还会参加会场的设计与装饰，帮助人们装扮角色、设计道具，而人们由于对于这一艺术形式十分熟悉，所以也十分地感兴趣。

米开朗琪罗的《大卫》

意大利不分阶级的自由交往不仅给艺术的发展带来了自由的空间，而且也影响到了社交活动及节日庆典等，也正是由于这种上行下效的交往方式，使得整个意大利处于一种比较自由的环境，而文艺复兴也是在这一自由的空气中滥觞。

教育的发展

提到文艺复兴，人们想到的首先是那些人文主义的思想及对人的自由的孜孜不断的追求，但很少有人知道人文主义思想的诞生是人文主义者对神学教育的挑战。此时的人文主义者向教会发起了挑战，兴办了世俗学校，以期打破教会对人们思想的禁锢。他们大力提倡人性教育，反对神学教育，希望进一步将人们的思想从教会的禁锢中解放出来，但这一解放是有限的，人文主义者的大部分的教学内容还是脱离不了圣经和神学的范畴，从而使得人文主义思想打上了神学的烙印，这也使得人文主义思想表现出了深深的矛盾及过渡性的特征。

文艺复兴应该说是一场继往开来的运动，它既是对过去的一种思考也是对将来的一种谋划。在这场运动中人文主义者高举两面大旗——“现世艺术”和“人文主义”，就像我国五四运动高举“民主”与“科学”两面大旗一样。人文主义者以一种全新的姿态站在了历史的舞台上，在他们的召唤下，欧洲各国的政治、经济、文化等各个方面都发生了巨大变化，不同领域的科学以全新的面貌出现，而教育作为重中之重，当然也打上了人文主义的烙印，形成了以人文主义为核心思想的教育体系。

意大利各城市的一个突出特点就是重视教育。从12世纪，初等教育就开始在意大利普及开来，这些学校是私立的，由世俗老师来监管，城市公社监管着这些老师，有时候也会支付给这些老师薪金，那时数以千计的学生在这里学习，希望成为商人、手工业者或者公务员。那时的初等教育主要分为两个阶段，第一个阶段是学习读书和写字，这一般需要几个月的时间，而这一阶段是每个学生都必须经历的，因为这是继续学习的基础；第二个阶段是写作，这比第一阶段需要更长的时间，从当时的社会风气就可以看出写作是一个人必需的技能，高超的写作技能使他们更容易在社会上赢得尊重。一个完整的初等教育一般需要两到三年的时间，在意大利大约一半以上的男孩接受了初等教育，但女孩的比例却低很多。初等教育的第二个阶段，男孩必须学习算术、语法和逻辑这三门课程，而后两个科目是当时社会所必需的技能，是自我表达的基础。在完成这些科目的学习之后，他们才有机会进入大学深造。大学毕业之后，他们可以从事人文主义的相关职业，也可以去教会谋求一份工作。学校的开设只是针对那些立志从事文学工作的学生的，而那些从小立志要成为商人的学生可以进入“珠算学校”，在这里他们用一种叫“算盘”的计算板来学习算术，有时也学习新的计算方法，即用阿拉伯数字和零作为基础的算术方式，而这种方式并不是意大利人自创的，而是由列奥纳多·菲波纳奇从阿拉伯引入的。掌握了初步的知识和社会体验之后，这些学生可以走向社会了，但学习并没有因此而中止，他们会从工作中获得更多的实用知识。那时比较有影响的人文主义者基本都有外出的经历，菲波

纳奇就是跟随父亲去过突尼斯，在那里学到了算术技能，并将这一技能带到了意大利。薄伽丘曾在那不勒斯旅居过多年，并在那里学习了丰富的知识，他不仅了解了当地的生活方式，还培养了对文学的喜好，《十日谈》中的许多人物形象就是来自那些经常出入地中海地区的贵族。

学校蓬勃发展的同时，出现了另一种文学形式——游记。虽然当时讲述较多的是朝圣之旅，但还是有很多人文主义者将他们去往各地的见闻忠实地记载下来，比如最著名的《马可·波罗游记》。当时很多人都喜欢到亚洲去游历，马可·波罗将他在亚洲的所见所闻记载下来，向西方展现了一个繁荣、富有的中国。很多人文主义者喜欢将他们的个人经历与国外或者是古代的著作联系在一起，进行整合，如皮耶罗·德·克莱辛齐曾作为督政官的助手游遍了整个意大利，还拥有自己的土地，于是他将自己游历的见闻与土地经营管理经验结合起来，写成了一本农学书，迅速风靡了整个欧洲。意大利对世界的贡献不仅仅只限于此，它还诞生了大学。博罗尼亚大学曾是罗马法研习的中心，在这里会聚了欧洲各国希望成为法官和公务员的年轻人。同时博洛尼亚大学还是培养公证人的中心，而公证人也是意大利实用文化的一个重要方面。公证人的工作有点类似于现在的律师，他们帮助人们起草合同、制订私人之间的协议，而要成为公证人也不是一件简单的事情，他们除了要掌握必需的写作技能和法律知识之外，还需要精通拉丁语和具备丰富的教育经验。他们既可以为个人工作也可以为政府部门工作。当时公证人之盛行让人瞠目结舌，平均1000个人就有近10个公证人为其服务，可见公证人数量之大。而这些公证人也用人文主义精神推动了政治的发展，比如，在一些城市公社当中，制定法律都需要有一个前言，以为法律的制定做出合理的解释。比如《天堂书》是为解放农奴制而颁布的，公证人就在前言中这样说道：所有人都是平等的，农奴制是由于人的“原罪”和人性中的“恶”才被创造出来的。

文艺复兴之前，整个欧洲的教育都被教会垄断，无论是在教育方法、教育内容还是在教育手段上都无疑被赋予了宗教的味道。僧侣们

教堂外部景观

把持着教育的垄断地位，在教学过程中他们以《圣经》为课本，用圣训教化人们，使得宗教信条成为主要的教育内容。受过这种教育的人已经完全被宗教信条蒙蔽了双眼、禁锢了思想。人文主义者为了反对宗教对教育的垄断，推动资本主义的发展，适应资本主义生产发展的需要，培养社会真正需要的人才，开始不断地兴办各种世俗学校。他们在佛罗伦萨、威尼斯等地建立的宫廷学园，成为人文主义思想的重要发源地。13世纪，在佛罗伦萨甚至整个意大利半岛，世俗学校开始兴盛起来，而这些学校大都是由王公贵族和地方的统治者支持的。博洛尼亚甚至将国库收入的一半用来支持教育事业的发展。1423年，维多利诺·达·菲尔特雷在曼都亚创办的学校被誉为“快乐之家”，这所学校不仅吸引了很多富贾绅贵的子弟前来就学，还吸引了德意志的学生。这些学校除了吸收富家子弟之外，还接纳了一些出身寒门但极具天赋的穷苦学生。学校学习内容非常丰富，学生的德智体美各方面都得到了全面的发展，可以说为社会培养了一大批具有社会责任感的公民。1429年，意大利的另一位教育家盖利诺在费拉拉创办了一所宫廷学校，这所学校除了招收来自意大利各地的学子外，还招收了来自德、法、英等国家的学生。这所学校注重通才的培养，聘请了著名的学者传授知识，在注重学生智育和德育全面发展的同时，还偏向于纯学术性的学习。因此，这所学校的学生广泛阅读了大量的古典著作，学养很高。这两所学校可以称得上是文艺复兴期间意大利的明星学校。学生完成学业回国后，将自己所学的知识传播到当地，这也使得

文艺复兴思想广为传播，为意大利及整个欧洲文化的发展起到了重要作用。

除了人文主义者自己创办的学校之外，一些城市的政府考虑到城市经济的发展，也参与了教育事业。换句话说，它们也与教会展开了斗争。早在中世纪末，西欧各个国家就有了大学，意大利也是大学最早的诞生地之一，如帕多瓦大学、都灵大学、卡塔尼亚大学。这些大学不仅在当时，就是在现在仍然还是一流的大学。在14世纪即文艺复兴早期，这些大学被教会掌控，但由于世俗政府与教会的斗争，已经使得这些学校开始摆脱教会的控制，政府已经在学校享有高度的自主权和监督权。同时为了满足市民对语言、计算、读写的渴求，还开办了专门学校。这些学校既有政府创建的，也有私人经营的。它们充分汲取了古希腊、古罗马的古典文化的精髓，主要教授人文主义学科方面的知识，试图冲破中世纪以来教会对教育的禁锢。这些学校开创了西方资本主义学校教育的先河。

人文主义者要想取得文艺复兴的全面胜利只有一条道路可走，那就是必须向教会神学发起挑战，这也是人文主义教育的一个重要特征。文艺复兴之前，教会的教育垄断长达1000年，当教会慢慢演变成封建最大的统治者时，教会的教育已经沦为神学教义的诡辩的工具，它们教学的唯一目的就是培养教士，教学的主要内容是教父学及七种基本技能的学习，授课主要以读课及辩论的形式进行。拉伯雷当时就对教会的教育进行了辛辣的讽刺。随着时代的不断进步，一成不变的

教学内容迟早要被淘汰，人文主义的教学理念应运而生。随着资本主义的发展壮大，势必要求在教育领域冲破教会教育的种种束缚，提倡以人为中心的教学理念；反对神学教育对人的桎梏以及压制人本性的禁欲主义教育，主张人的全面发展；反对那种咬文嚼字的教学，希望传授真正的知识。在这种反对声中渐渐形成了人文主义的教育体系。中世纪的神学教育，是一种人性极端扭曲的教育，教育的主要目的是培养神职人员，所以为了培养神职人员，它必须传授一种盲目的信仰与服从，这样培养出来的人势必思想僵化、严重脱离现实、不讲求实际、缺乏社会责任感，这与文艺复兴所要求的培养全面人才的教育理念南辕北辙。人文主义者希望培养出那种多才多艺、全面和谐、具有开拓精神的人才。他们针对教会用信仰排挤理性、宗教取代道德的教学方法，提出了应以智育为核心，文、思、行全面发展的教育观。他们还认为，人文主义者应具备坚强、勇敢、节制、爱国、勤劳、自由等品德，这充分反映了新兴资产阶级的政治追求及道德理念。维多尼诺创办的“快乐之家”的教育目的就是为了使学生的德智体全面发展。他还提出了对儿童要实施完全教育，注重对学生的文学修养的培养，要求学生学习古希腊、古罗马的名著，同时也希望学生在学习中能够培养完整人格，具有崇高的道德精神。为了实现个人全面发展的目标，人文主义者也扩展了教学内容，创建了新型的教学体系。中世纪教会教授的主要是七艺，包括文法、修辞、辩证法、算术、几何、天文和音乐，而新型的教学又增加了文学、历史、地理、艺术等学科

的学习，并使人文主义思想在这些学科中占据支配地位。在这些人文主义学科中，他们十分重视对古典文学的学习，认为人道只存在于希腊、罗马的古典文学当中，只有它才能发挥人类完美的人性，才能使人获得全部的学识。此外，还开设了逻辑学和体育。体育是第一次与科学学科一起被视为高等教育必不可少的一个科目。古代的体育主要包括竞技体育、斯巴达式的军事体育，目的就是竞技及战争，而人文主义的体育就像它的名称那样，是为了爱护人的身体，让人锻炼身体，促进人和自然的和谐发展。他们还注重对法学的学习。意大利的法学人才的培养不仅限于大学，同时还有专门的学校。佛罗伦萨是没有大学的，但有一所公证事务学校，人们以能够上这所学校为荣。这所学校强调学习一切知识，强调不仅要从书本上学，还要从社会中学，正所谓是“读万卷书，行万里路；行万里路，不如阅人无数”。他们认为只有全面掌握知识，才能使人有能力把握世界，而这一全面的学识观也成为全社会对教育提出的新要求。

人文主义者反对教会教学是因为它的死板，教会教学全部是老师读，学生记，即便是辩论那也只不过是学生进行的文字游戏罢了，完全没有一点理性的光辉，学生完全没有自主权，以至于学校在孩子的眼中充满了恐怖色彩，完完全全地扼杀了孩子们的才智。相对来说，人文主义者却要求效法自然，遵循自然规律，让孩子在一种轻松的氛围中上课，认为这样既有利于他们健康人格的形成，同时也发展了他们的才智。维多利诺的“快乐之家”建在一个美丽的湖滨，环境优

美，空气新鲜，阳光充足。他还在教室中贴满了儿童游戏的壁画，让学生在轻松的环境中学习，并让他们根据自己的喜好发展。

人文主义教育的发展并不是一帆风顺的，它还没有完全摆脱封建教会思想的束缚，毕竟教会已经统治欧洲数百年，如果一下子将教会的思想废除，那样不仅会引起教会的强烈反对，还会引起人们思想上的混乱。人文主义者只能慢慢从思想束缚中解放出来，使得人文主义教育观能够闪现其光芒，为近代资本主义的教育思想奠定基础。

第二章

意大利的文化成就

人文气息浓郁的文学

如果说欧洲的文艺复兴从意大利开始，那么意大利的文艺复兴则是从文学开始的。虽然14世纪之前的意大利文学获得了一定的发展，但在教会的严格控制之下，没有真正实现个人的自我解放。文艺复兴开始之后，意大利的文学从但丁开始，一步一个脚印向前发展，出现了薄伽丘、彼特拉克、马基雅维利等一些著名的文学家。他们在作品中为文艺复兴大声疾呼呐喊，期望开启民智，有力地推动了文艺复兴的发展。

文艺复兴使得理性大放光芒，然而这一光芒的绽放需要有才智的人及大量书籍作补充，但当时的意大利人显然没有注意到这些。之前曾讲过美第奇家族为了促进文艺复兴的发展，花巨资聘请人去世界各地搜集古代文稿、著作，但他们从国外购买的一份中世纪的文稿竟然被放置在寺院无人问津。一天，薄伽丘突然雅兴大发，参观了这座寺院的藏书库，令他吃惊的是，那些无知的僧侣正在将这本昂贵的文

稿撕成一片又一片，卖给那些同样无知的人们。原来这群无知的人希望通过这个免除灾害，消除病祸，这是多么愚蠢的做法呀！这对像薄伽丘这样的学者来说无疑是切肤之痛。还好，这种情况随着图书馆的建立而得到了改善。在众多学者当中，薄伽丘虽然不是一个完美的人文主义者，但他在文学方面所取得的成就是后来学者无法超越的。特别是在散文方面，他开创了意大利散文写作的先河。而从他的《十日谈》可以看出，他对小说也是驾轻就熟。为了促进意大利文艺复兴的发展，他搜集、抄印了大量的文稿，并且鼓励世人学习古希腊、古罗马文化。他对但丁的了解要比同时代的人更加深刻，他还专门为但丁写了一本传记，记述了但丁反神学、推动人文主义发展的一生。他扩大了但丁的影响，也让世人更多地了解了但丁。

文艺复兴时期的学者都是多才多艺的。薄伽丘不仅是散文家、小说家，还是一个多产的诗人，他的诗作的影响虽然远不及他的小说，但其贡献仍是不可磨灭的。提到薄伽丘不能不说到《十日谈》，很多史学家认为《十日谈》在文艺复兴时期产生的影响完全可以和但丁的《神曲》相媲美。由于《十日谈》的成就非常大，完全掩盖了薄伽丘在其他方面所取得的成就。《十日谈》中的故事有他对世界的想象，有他根据民间故事改编的，也有他在游历欧洲时的所见所闻，但大部分故事取自法国古代诗歌。这部作品为日后小说家的创作提供了不少的灵感，乔叟和济慈就曾从他的作品中获取过灵感，可以说《十日谈》忠实地反映了14世纪欧洲的社会状况。

《十日谈》，桑德罗·波提切利绘于1487年

薄伽丘也有很多散文创作。他的散文主要以清新愉悦见长。但一个世纪之后，马基雅维利将散文变成了剖析社会、阐释个人观点的利器。马基雅维利既是一位政治家又是一位著名的散文家，而这两种称谓在这一时期并不矛盾，应该说那个时期的人都多才多艺。比如达·芬奇既是画家，又是医学家、发明家。马基雅维利曾被任命为驻外使节，经常奔走于意大利与各国之间，这就使得他逐步加深了对这个世界的了解、理解。因为职务的关系，使得他不得不时刻关注所驻国的政治，并汲取经验提出自己的建议。他的《君主论》一书到现在还是政治学专业学生学习的教材，它是最早记叙并讨论社会政治问题的著作，指出了君主维护其统治所必须要依靠的手段。“马基雅维利主义”成为政治统治中抛弃道德的一把保护伞，它将之前有关政治作品中那种用伪善、假仁慈来装扮的政治做法完全加以否定，认为一个国家要安定就必须依靠君主统治。马基雅维利在书中并不是要给社会

寻找一个乌托邦，而是希望能用实际的措施改变现状。

应该说文艺复兴时期的作家和艺术家既是浪漫主义的杰出代表，也是古典主义的代言人，而这两者之间并不抵触，可以说相辅相成，他们将古典主义与近代文学完美地结合在一起，其中最著名的代表作是阿里奥斯托的叙事长诗《疯狂的罗兰》。当整个意大利都在宣扬国家本位的时候，阿里奥斯托却将笔触转向了法兰西，这篇长诗是他承接意大利诗人博亚尔多的长诗《热恋的罗兰》的结尾，将查理大帝和他的骑士与回教徒大战作为刻画的背景，以罗兰对于安杰丽嘉的爱慕作为主线创作而成。诗中罗兰为了追寻出逃的安杰丽嘉，走遍了天涯海角，历经了种种磨难，但最后却得知安杰丽嘉与回族勇士梅多罗结婚了，最终因痛苦而发疯。这部长诗充满了离奇的情节和虚幻的神话色彩，借助中世纪流行的骑士题材，表现出了意大利的现实社会状况，表达了作者的人文主义思想。他用优美的笔触描写了大自然的美，抒发了对现实生活的赞美，写出了不同宗教信仰的男女克服种种困难大胆结合，表达了对中世纪禁欲主义的批判，对敢于冲破宗教束缚的男女加以崇高的赞美。这首诗虽然写的是法兰西的一个凄美的爱情故事，但阿里奥斯托却借古讽今，批判那些外国侵略者及好战的君主给意大利带来的种种灾难，希望意大利永远和平、统一。

16世纪意大利最负盛名的诗人当属托尔夸脱·塔索，他的著名诗作《被解放的耶路撒冷》是世界诗歌史上不朽的著作。这部作品和阿

里奥斯托的《疯狂的罗兰》一样描写了军队与回族军战斗的情况。这首诗以歌颂的姿态描写了勇敢的十字军将士高弗莱多·底·布留尼，在他的统帅下，军队经过重重挫折和残酷的斗争最终赢得了胜利，并且最终攻下了耶路撒冷。这个主题在当时的意大利非常具有现实意义，因为当时土耳其依托其交通要道这样一个优势，阻隔了意大利同东方各国的贸易往来，直接威胁到了意大利本土经济的发展、社会的稳定。托尔夸脱·塔索之所以要写这首诗就是要唤起意大利人民强烈的爱国心，激起他们的英雄主义，以抵制土耳其的扩张。

同时他还希望通过基督教与异教徒的争斗及两种思想文化的冲突、碰撞来凸显基督教的文化，但在诗中却是异教战胜了基督教。诗中很多故事都写到了伟大的爱情战胜了基督教信仰，比如里纳尔多由于迷恋魔女阿尔米达而忘记了自己是一名基督教战士。塔索在诗中刻画的基督教英雄人物没有一丝的生活原型，但在描述基督教的人物或者场面时，他又表现出了足够的张力，散发着文艺复兴的光芒。意大利著名的诗人兼批评家卡杜奇称塔索为“但丁的继承者”，这是非常准确的评价。除了《被解放的耶路撒冷》，塔索还创作了大量的作品，但可惜的是，当他步入中年的时候，却患上了严重的疾病，尤其是精神病。不过好像这个时代也要陪他一起悲伤，他的人生正好与整个时代的发展一致，在他之后，文艺复兴也慢慢走上了终结，但这只是它在意大利一个国家的终结而已，文艺复兴并没有走上消亡，而是慢慢向其他国家扩展。雕刻、绘画、文学依然还保持着顽强的生命

力，诗歌也没有随之终结，保留着它独有的影响力。在那种黑暗的政治环境中，具有生命力的是布鲁诺和伽利略的哲学散文，这些散文充满了对政治的控诉，对教会禁锢人们的思想的鞭笞。当伽利略面对那些让他放弃地球围绕太阳转的说法时，拍案而起，“它确实是这样转的。”尽管我们对这个故事的真实性无从考证，但他为科学献身的精神值得后人学习。

作为人文主义高潮中心的佛罗伦萨，古典文学空前发展，做学问必须引述古典，形成了“言必称希腊罗马”的风气。对古典拉丁文的学习已经成为当时的一个风尚，除了拉丁文的学习之外，希腊文的学习也被提到日程上来，成为紧迫的任务。萨琉塔蒂还专门从拜占庭聘请专家教授希腊文，而布鲁尼成了第一批掌握希腊文的人文主义学者。精通希腊文成为当时学者的一项基本功。此外，古文的攻读，古籍的搜集、发现、翻译也逐步流行开来，每一位学者都把能找到一篇散佚的古籍作为自己的事业。他们除了在本国搜集之外，还在法国、瑞士等地的古老的修道院找到了不少散佚的古籍，如昆体良的《修辞学教程》、维特鲁威的《建筑十书》等。他们除了发现只言片语之外，还发现了完善的善本，这无疑在佛罗伦萨引起了巨大的轰动。

人文主义者将理性的光辉诉诸于他们的创作中，进一步促进了人文主义的传播，也正是由于文学上的影响，意大利其他方面才渐渐得以向前发展，成为人类文明发展史上一颗璀璨的明珠。

充满力量的雕塑

去过意大利的人都会发现那里到处都是雕塑，这些雕塑很多是文艺复兴时期留下来的。当人们欣赏这些雕塑时，会情不自禁地感慨艺术家精湛的技艺。艺术家在作品中倾注了自己的精力，同时也将人文主义思想灌注其中，形成了一个个不朽的艺术作品。

说到意大利比较著名的雕塑作品，就不得不提到佛罗伦萨洗礼堂南门。这是佛罗伦萨一座闻名于世的宗教建筑。作为佛罗伦萨最古老的建筑之一，它采用了罗曼式的建筑风格，而让它闻名于世的除了它自身大气磅礴的建筑风格外，还有洛伦佐·吉尔贝蒂雕刻的青铜浮雕。与其他材质的雕塑相比，青铜浮雕雕刻起来需要花费大量的精力和时间。

佛罗伦萨洗礼堂南门“天堂之门”

在意大利的雕塑史上，不能不提到布鲁内莱斯基，他是那个时代建筑界的“怪才”。布

鲁内莱斯基曾多次到罗马进行实地考察，与他同行的还有他的好友、忘年之交，雕刻家多纳泰罗。布鲁内莱斯基沉迷于建筑研究，而多纳泰罗倾向于古雕刻研究，他们两个人经常在一起切磋，并多次进行实地观摩考察。他们在古代废墟里流连忘返，沉迷其中，常常被误认为是掘墓人。正因为如此刻苦，他们的艺术水平大大提高了。多纳泰罗自罗马之行后雕刻水平大大提高，他钻研古典文化就是为了能够创作出生动逼真同时优美坚实的新的人物形象。他将自己雕刻的大部分雕像都放在了佛罗伦萨闹市区的教堂外壁，为的就是供市民公开观赏。他的作品展现的大多是基督圣徒，但是这些圣徒都具备了新时期英雄人物的特点，而其中最为突出的就是他在1417年创作的《圣乔治像》。

《圣乔治像》

圣乔治是基督传说中一位杀死巨龙救下公主的英雄，而多纳泰罗创作这个作品是受当时兵器业行会的邀请而作的，他雕刻了佛罗伦萨一位普通士兵。在作品中他将人文主义的人性崇高、伟大完美地展现了出来，将士兵的高大英勇、俊秀无畏的神态刻画得淋漓尽致。当时人们都感叹道："顽石都有了生命。" 多纳泰罗能够做到这一点完全是因为他除了具备古典写实的功底外，还注重观察人体，并且深刻地认识到要完美地表现出雕塑的活力必须先掌握解剖学的相关知识。历史学家认为他是第一个通过解剖尸体来了解人体的艺术家。他通过对人体的分析，使雕刻有了现实的支撑。解剖学与透视法的结合构成了他新艺术中的重要表现手法。多纳泰罗还从布鲁内莱斯基那里学会了透视法，《圣乔治像》就是用透视法表现了英雄屠龙救人的故事，背景中大量的树林和建筑都是用透视法表现出来的。

提到这一时期最著名的雕塑家不能不说到米开朗琪罗，他的创作能够体现文艺复兴兴盛期的风格——雄伟、宏大。在生活上，米开朗琪罗极其简朴，但在艺术上却充满着旺盛的精力和热情。罗曼·罗兰曾这样形容他，"他在继续不断的兴奋中生活。他的过分的力量使他感到痛苦，这痛苦逼迫他行动。他只以极少的面来支撑他的生命，他每天只睡几个小时。他的衣服也不脱，皮靴也不卸。有一次，腿肿起来，他不得不割掉皮靴，在脱下靴子的时候，腿皮也随着剥下来。" 米开朗琪罗把自己的创作完全融入当时的时代中去了，他以高度的艺术热情塑造了英勇强壮的英雄形象。这位意大利最伟大的艺术家用他的双手给我们留下了大量的艺术作品。最让我们难忘的是他创作的大卫像，那座矗立在佛罗伦萨市政广场高达4米的大卫像，是对那个时代英雄的最好的颂歌，这是献给佛罗伦萨最好的英雄纪念碑。数百年

来，佛罗伦萨人一直用大卫的事迹激励人民。雕塑中的大卫目光坚定地注视着前方，意志坚定，力量无穷。这是一个为祖国可以拼尽全力的英雄，一个热爱祖国并且信心十足的英雄。

数百年的历史沧桑铸就了这些意大利雕刻家，那些毫无生命力的青铜、大理石在这些雕塑家的手中成为一件件富有生命力的艺术品。他们的刻刀就像画家手中的画笔，只不过他们的每一笔都是那样的坚韧、充满活力，所以他们的创作才能有更多的艺术想象力，给人们带来更多的感动。

气势恢弘的建筑

文艺复兴时期在文学、雕刻、建筑、绘画等方面取得了重大成就，尤其是在建筑上所取得的成就更是不容小觑。这一时期不仅出现了许多杰出的建筑师，还出现了许多著名的建筑。这些建筑在建筑师手中展现出不同的风格，为研究意大利建筑史留下了宝贵的资料。

作为文艺复兴早期的代表，布鲁内莱斯基奠定了早期的建筑风格，他是佛罗伦萨建筑界的领军人物，新艺术与科学联盟就是由他发起的。他不仅是建筑业的开山之祖，还将透视法引进雕刻之中，他还将此种方法传授给他的学生马萨乔和多纳泰罗，从而为绘画和雕刻注入了新鲜的血液，推动了这两种艺术形式的革新。布鲁内莱斯基早年跟随金银匠师傅学习金银打造手艺，此时他对古典文化产生了浓厚的兴趣。他对建筑、绘画、雕刻无不精通，曾多次到罗马去考察当地的古迹。他对于数学、几何、力学、化学、透视、解剖、二程学、冶金等各个学科均有独特的见解。此外，他还对技术发明感兴趣，设计制造了许多外表精良、制作考究的钟表，发明了起重机、运河闸门、齿轮车床等建筑施工的工具，为当时的工程建设节省了不少的

佛罗伦萨的圆顶和钟塔

人力、物力。

深厚的学识加上良好的科学基础，为他解决佛罗伦萨大教堂圆顶设计提供了条件。圆顶的设计在当时堪称建筑界最大的难题。为了衬托教堂的宏伟，光底边圆形面积就达46平方米，比当时的古罗马最大的万神祠还多了3平方米，高度就更不用说了，增加了将近一倍。现在看来，这个数字相当惊人。为了追求宏伟奇特的效果，圆顶设计成了

一大难题。在这种情况下，布鲁内莱斯基接手了。按照当时的建造传统，必须先建造起能够支撑它的巨大的木构架子，但由于规模巨大，脚手架无从下手，据说光搭造这一个架子就是将整个佛罗伦萨的树砍光了都不够，更不用说建造圆顶所需的石料了。布鲁内莱斯基接手这一工程也并不是一帆风顺的。他虽然提出了可行性的方案，但佛罗伦萨政府官员并不买账，处处刁难他，布鲁内莱斯基没有放弃，一直申诉，终于把这个机会争取到了。面对这个无法解决的建筑难题，布鲁内莱斯基提出的方案完全出乎大家的预料，他选择放弃采用搭建木制架子的方法。他通过周密的测算，并且参考了古希腊、古罗马的建造技艺，再经过反复的实践验证，最后制订出了合适的方案，工程进展得非常顺利，也取得了很好的效果，成功解决了这一百年难题。佛罗伦萨人将这一圆顶看做新时代、新文化取得的巨大成就的象征。这一建筑所造成的影响就如现在登月成功一样。布鲁内莱斯基的创新在于他把八角形的圆顶都使用了内外两层墙壁砌筑的方法，用8条大肋拱和16条小肋拱作为圆顶的支撑，同时又在内墙的厚壁中砌上拱形的扶壁，为了巩固，特意使用了铁钩木梁，这样就使得圆顶像铁箍那样自行箍紧了，逐层往上砌筑就显得轻巧、牢固了很多，同时还兼具了用料省、建造快、质量好、外观奇特的优点。除了主教堂的圆顶外，他还创造了佛罗伦萨育婴堂、巴齐礼拜堂。作为15世纪文艺复兴早期的代表性建筑，巴齐礼拜堂在结构、空间造型、风格特征等方面均有创新之处。其外部的造型借鉴于拜占庭，前部有一个直径10.9米的帆拱式穹顶，左右伴随着两个筒形拱顶，后部又有一个小穹顶，覆盖着整个圣坛。他借鉴了古罗马的一些建造方法，比如礼拜堂正面柱廊5开间，中间一间5.3米宽，将整个柱廊分成两半。礼拜堂位于圣克罗切修道院内，正对大门，同周围的建筑几乎差不多高。它同时包含了多种几何体，与周围的建筑相比又有自己独特的个性。布鲁内莱斯基追求的并不是它的规模，而是其独特之处。

布鲁内莱斯基的作品既具有古典文化的和谐之美，又透出人文主义的理性光辉，成为文艺复兴时期建筑艺术的典范。至于他的透视法的影响就更不用说了。人们大都认为世界上第一幅按照透视画法画出来的城市街景出自布鲁内莱斯基之手。从世界艺术史的发展来看，东西方艺术包括写实技艺发达的古希腊都没有人能真正地掌握透视技法，所以布鲁内莱斯基的透视技艺开创了一个全新的时代，使西方艺术发生了根本性的变化，可以说，他真正改变了西方艺术的创作模式和道路。

意大利建筑史上的重要人物除了布鲁内莱斯基之外，还有米开朗琪罗，他是文艺复兴时期著名的绘画家、建筑师和雕刻家。他与达·芬奇一样是一位全能型的人才。米开朗琪罗负责建造了劳伦齐阿纳图书馆和圣彼得大教堂。劳伦齐阿纳图书馆又称美第奇劳伦齐阿纳图书馆。这座图书馆位于圣劳伦佐大教堂的旁边，主要是由美第奇家族出资建造的。作为当时重要的赞助人，美第奇家族除了赞助艺术家

美第奇劳伦齐阿纳图书馆

和文人之外，还注重图书馆事业的发展，他们不仅派人到世界各地搜集珍贵的图书资料，还热衷于建造图书馆。美第奇家族出来的教皇克莱门特七世要求米开朗琪罗修建这座图书馆，米开朗琪罗运用了多种建造手法，在有限的建筑面积下创造出了一个让人叹为观止的建筑。图书馆的入口处空间极小但是却十分高大，大部分的建筑面积都被楼梯占据了，楼梯像瀑布一样从藏书室的门口倾泻而下，室内墙面像是把宫廷外墙翻转向内，这样一种独特的建造手法在当时是很少见的。图书馆的每扇窗户都用壁柱加以分隔，在内部设有走廊、读经台等，在读经台的后面设有座椅，当阳光从窗户倾泻而下的时候，室内呈现出辉煌的效果。整个图书馆藏书大约1万多册，大多为古籍，绝大部分是洛伦佐在位的时候四处派人搜集的。一进门呈现在眼前的就是具有个人独创精神的楼梯，高大的阅览大厅给人的感觉很开阔。图书馆由多个长方形组成，装饰柱将墙面分割成几个长方形，而长方形的墙面上又由真窗和假窗构成，一排排的长方形的阅览桌装饰着各种长方形的木饰，长方形的甬道、长方形的天花板、长方形的手抄本，总之，在整个图书馆内，无论是墙、天花板还是地面都是由长方形组成的，给人的感觉就好像整个图书馆被分割成书页的形状。唯一独特的地方就是天花板上的雕花不是长方形的，而是由四个连环的曲线构成，这个设计是以美第奇家族的钻石戒指为原型的。地砖采用了红黄相间的颜色，图案是由四个连环的曲线构成的。让人想到了上帝创造的宇宙四方。

世界上最著名的宗教建筑——圣彼得大教堂，也是由米开朗琪罗参与建造的。当时建造这座教堂主要是为了纪念彼得。彼得是基督的十二门徒之一，他是与基督关系最密切的门徒，原名叫西门，后来跟随耶稣，耶稣为他改名为彼得，为“磐石”之义，耶稣希望他的信仰和意志能够像磐石那样坚定不移。在耶稣升天之后，他以继承人的身份继续传道，后不幸被尼禄皇帝杀害。在他殉道之后，人们尊他为第一任教皇，把他作为基督在世的象征。即使现在，圣彼得大教堂依然还有他的铜像，相传触摸他的左脚可以给人们带来好运，于是每每来这里参观的人竞相摸之，使得他的左脚明显小于他的右脚。

圣彼得大教堂是世界上最大的教堂，总面积达2.3万平方米，主体建筑高达45.4米，可以容纳大约6万人。它并不是在文艺复兴时期建造

圣彼得大教堂俯视图

的，最初是君士坦丁大帝于公元326—333年下令在圣彼得的墓地上修建的，称老圣彼得大教堂。16世纪时，这座经历了数百年风风雨雨的教堂很多地方需要修葺，于是当时的教皇朱利奥二世决定重修，并于1506年正式动工修葺，这次工程历经了120年，由著名的设计师、建筑师布拉曼特，米开朗琪罗、德拉·波尔塔和卡洛·马泰尔等人相继主持建造，最终在1626年完工，称新圣彼得大教堂。整个建筑呈现了罗马建筑和巴洛克建筑两种风格，在教堂的圆形穹顶处可以眺望整个罗马城，真是“一览众山小”。

这一时期的建筑有的保留至今，有的在战乱中毁坏，但不论是完整的建筑还是残垣断壁，留给后人的永远是震撼。人们在惊诧于这一时期的艺术家独特的艺术见解和才能之外，依然还能感受到他们的作品所闪耀出的人文主义的光辉。

圣彼得宝座

现实气息浓厚的绘画

自古至今，人类社会一直注重物质与精神的双重发展，物质可以满足人们的生活需要，而精神的发展可以使人们在紧张的生活中得以放松，获得精神上的愉悦。绘画就承担着后一功能，特别是当人类进入文明社会之后，绘画不再像以前那样仅仅是记录人们日常生活的工具，而成为一种高雅的艺术活动。

在文艺复兴时期出现了几位著名的绘画艺术家，如列奥纳多·达·芬奇、拉斐尔、米开朗琪罗、马萨乔等。他们代表了文艺复兴不同的发展时期，取得了不菲的成就，其中成就最大的当属列奥纳

多·达·芬奇，《蒙娜丽莎》这幅不朽的作品一直为后人津津乐道。可以毫不夸张地说，这幅画是达·芬奇留给世人最好的礼物，因为在这幅画作中不仅体现了达·芬奇高超的艺术水准，还为后人留下了许多不解之谜，如蒙娜丽莎的原型是谁，对于这个问题，众说纷纭，有人说她是一位银行家的妻子，有人认为是达·芬奇的自画像；还有就是蒙娜丽莎那时隐时现的微笑，这个微笑使得众人为之倾倒，很多科学家、艺术家都曾研究过这个微笑产生的原因，解释也是五花八门，但都拿不出具体的证据来使世人信服；还有就是蒙娜丽莎背后的景物，人们至今还在寻找这是哪里的景物。一幅能够影响后世的画作不仅需要高超的绘画技艺，还需要给后人留下可研究的价值，只有这样的画作才能称得上是优秀的画作。达·芬奇在创作《蒙娜丽莎》的过程中不仅专注于肖像的刻画，还注重对人体的完美比例的呈现。现在一致的看法是认为蒙娜丽莎是佛罗伦萨一位银行家的妻子，她的相貌姿色只能说是中等。达·芬奇在创作的过程中产生了要通过她的容貌来展现人的复杂内心世界的想法，让人们在观赏之后能够体会到一种妙不可言的深邃意境，因此他耗时3年来创作这幅画。这幅画一直是达·芬奇最喜爱的画作，即使他来到法国也会把这幅画带在身边。在这幅画中，可以看到这位容貌并不出众的女性的脸上带着一抹意味深长的微笑，而且并不是一直都有，这样的创作方法在当时并不多见，被人们认为是神作而非人力所能为之。当人们称赞这幅画作所体现的精湛的艺术技艺的时候，并没有忽略对其背后所蕴藏的种种的科学的分析和认真的思考，比如蒙娜丽莎的微笑，画家其实是运用了嘴唇和鼻子两个部位之间微妙的变化，才让她产生了那种似有似无的微笑，当然这只是大多数人的看法，并不被所有人所认同。

《最后的晚餐》中与耶稣同坐的十二使徒，头上没有光环的是出卖耶稣的加略人犹大。

达·芬奇的另一幅震撼人心的画作就是《最后的晚餐》，它同《蒙娜丽莎》一起并称为达·芬奇创作的巅峰之作。达·芬奇的画之所以能感动世人，除了他高超的绘画技艺之外，就是他能充分把握冲突发生的时刻每个人的心理变化。达·芬奇把这幅画画在了米兰一座修道院食堂的外墙上。它讲述的是耶稣在临刑之前与门徒聚餐的故事。耶稣将面包和酒分给众人，说酒是耶稣的血，面包是耶稣的肉。这幅作品所表现的并不是一次隆重的聚餐，而是突出了另一个情节，在吃饭的时候，基督向门徒说了这样一句话：“你们当中有人出卖了我。”这句话就像重磅炸弹，立马引起了恐慌、震惊……达·芬奇就是抓住了这一刻每个门徒的心理、神态、举止，对它们进行了细致入微的描绘。基督和门徒坐在朝向观赏者的一边，这样更有利于人们观察到他们脸上的表情。在这些人当中，有愤怒至极挥刀者、自我表白者、难以置信者、思考者，还有祈祷者……在这一刻背叛者的丑恶嘴脸也尽显无遗。这幅作品可以称得上是写实与构图的完美融合，之后的很多艺术家都模仿他的这种绘画手法，但是都难以超越。

米开朗琪罗在绘画上的成就主要体现在壁画的创作当中，西斯廷礼拜堂上的巨幅壁画就是他绘制的，整个拱顶壁的面积达到了500米，米开朗琪罗在没有任何助手帮助的情况下，独立将这幅画作完成，耗时4年之久。这一艰巨任务是当时的教皇指名让其完成的，为什么指名他的原因却是有一个枢机主教嫉妒他的才能，就将这个完全不可能完成的任务交给了他。如果米开朗琪罗完不成，那么只有死路一条。这幅画作描绘了旧约中创世纪的9个场景，从上帝开辟天地一直到诺亚方舟，整个场面宏大，气势恢弘。可以说这幅画作奠定了米开朗琪罗在西方艺术史上难以被超越的地位。

马萨乔是早期文艺复兴时期的代表人物，他的老师是布鲁内莱斯基。马萨乔在老师的指导下开始了透视法创作。他耗时3年，在圣玛利亚诺韦拉教堂绘制了一幅宏伟的画作——《三位一体》，除此之外，他还创作了《纳税钱》和《逐出伊甸园》两幅画作。他首先在这些纪念性的壁画中使用了透视画法。这些画作空间的深远关系把握得当，人物造型也具有当时艺术创造的宏伟雄壮的特点，自然朴实不过分修饰，被当时的人们认为最能体现文艺复兴时期那种蓬勃向上的艺术态度。但遗憾的是，这位著名的画家却在他27岁的时候不幸患病去世。

马萨乔《纳税银》

他的画作赢得了达·芬奇、米开朗琪罗的赞誉，他也成为当时享誉时间最短但影响力最大的画家。

文艺复兴时期的绘画成就是世界绘画创作史上的一座高峰，当时的一些绘画技法深深地影响了之后的绘画创作。这一时期产生了像达·芬奇这样优秀的绘画大师，他们成为后代难以逾越的一座座高峰。他们影响了世界，同时也改变了世界。

第三章 文艺复兴时期的天才

最伟大的启蒙者——但丁

作为意大利最伟大的启蒙者，但丁在文艺复兴乃至在世界文学发展史上都占据着重要地位，应该说是他将人类从宗教蒙昧的世界中拉出来，让世人看到了人文主义理性光辉的一面。但丁一生中最具影响力的作品是《神曲》，它分为地狱、天堂、炼狱三部分，通过一些著名人物的对话反映当时政治、经济各方面的问题，可以说是当时的一部百科全书。除此之外，他还创作了《新生》《飨宴》《论俗语》及《诗集》等一些著作。

阿利盖利·但丁肖像

13世纪末，文艺复兴的前夜，一位被恩格斯誉为“中世纪最后一位诗人，同时也是新时代的最初一位诗人”诞生了，他就是阿利盖利·但丁。但丁生活的时代，工商业发展较快，基督教没有完全垄断文化意识。13世纪，意大利北部的各个城市，海上贸易和工商业蓬勃发展，成为整个欧洲最富庶的地区。早期资产阶级的势力逐步壮大，开始向教会的统治发起挑战，他们纷纷建立城邦共和国，争取自治权。虽然与整个欧洲相比，这只是资产阶级发展过程中迈出的一小步，取得的很小的一个胜利，但它对当时的社会乃至欧洲历史进程的影响却不小，可谓影响深远。但丁在政治倾向上与意大利的资产阶级步调一致，这与他的出身有很大的关系。但丁出生在佛罗伦萨一个没落贵族的家庭，父亲因为家道中落，选择了经商。当时佛罗伦萨城有两个影响力比较大的政党，一个是支持罗马教皇、代表封建贵族利益的基白林党；还有一个就是拥护罗马帝国皇帝、代表资产阶级利益的贵尔夫党。但丁的父亲拥护贵尔夫党，但丁本人也成了贵尔夫党的领袖之一。政治上的资本主义倾向并不足以让但丁成为文艺复兴的启蒙者，而只是为他反宗教统治做了准备。他之所以能成为文艺复兴的启蒙者要归功于他的系统的学习。但丁早年跟随著名学者布鲁内托·拉蒂尼学习，对拉丁文、修辞学、诗学和古典文学都产生了浓厚的兴趣。对罗马大诗人维吉尔，他更是敬佩有加。在绘画、音乐方面，但丁也取得了不俗的成就。此外，但丁还系统地学习了神学和哲学，圣·奥古斯丁的思想对他影响尤其深刻。

能够让但丁流芳后世的是他那部不朽的诗作《神曲》。许多文学研究者都认为在文艺复兴史上甚至在整个欧洲的文艺复兴中都没有一

部作品能够与《神曲》相媲美。

《神曲》插图——天堂

但丁有诗人的柔肠与激情，也有学者的锐利与智慧，他是当时最杰出的语言学家之一，又是在时代激流中冲浪的政治家，这是博大精深的《神曲》问世的基础。《神曲》全诗共有14233行，共分《地狱》《炼狱》和《天堂》三个部分，描写了但丁幻游三界的所见所闻。作品一开始是作者的自叙——大赦圣年的1300年春天，作者正处于春天——35岁的人生中途——这一年 4月 8日， 诗人不明就里地迷失于一座黑暗的森林中，辨别不出方向，在非常恐惧的情形下，他只好选择向山峰攀登，但唯一的出口又被母豹、雄狮和母狼拦住，这些怪兽被诗人塑造成了淫欲、强暴和贪婪的象征。诗人感到十分惊慌，进退两难。就在这千钧一发之际，罗马著名诗人维吉尔突然出现在他的眼前。原来维吉尔接受在天堂已经成为天使的但丁恋人贝阿特丽奇的委托，前来解救但丁，并带但丁游览了地狱和炼狱。维吉尔首先带领但丁来到了地狱，只见阴风阵阵，恶浪汹涌，让人心生恐慌。但丁将地狱描绘成九层，其形状就像漏斗一样越往下越小。在这个地方居住的，大都是生前作奸犯科、十恶不赦的罪人。根据生前所犯罪孽的大小，他们被安置在不同层正

接受惩罚。但丁在各层看见了贪官污吏、邪恶的教皇、伪君子、卖官鬻爵的人、强盗、小偷、淫棍、诬告犯、放高利贷者，当然还有生前贪色、贪吃、易怒的邪教徒。但丁将他最痛恨的出卖国家的人放在了地狱的第九层，冻在冰湖里，永远忍受着酷刑的折磨。游历完地狱，维吉尔又带领但丁穿过地球中心，来到了炼狱。炼狱是一座伸出大海的孤山，也像地狱那样分为九层。居住在这里的人都是些灵魂有罪的人，但他们并不是十恶不赦的，只要将罪恶炼净之后，还是有希望进入天堂的。那些悔悟晚的罪人只能在山门外长期苦练，不被允许进到里面。炼狱的各层代表了骄、妒、怒、惰、贪、食、色，待在各层的人因为生前犯了基督教规定的 “七宗罪”，但因为罪孽较经，可以被原谅。但丁将这七层游历了一遍，来到了顶层的地上乐园，维吉尔就在此时消失了，原来他还没有资格进入天堂，只能在“候判所”等待时机。就在这时，天空彩霞万丈，祥云缭绕，天上下起了缤纷的花朵，贝阿特丽奇头戴橄榄叶桂冠、一身红色长裙，披着洁白轻纱缓缓降临。她温柔地责备但丁不该进入象征罪恶的森林，使得自己迷路。在贝阿特丽奇的带领下，但丁进入了“忘川”，顿时觉得神清气爽，遗忘了昔日的痛苦。最后，在贝阿特丽奇的带领下进入了天堂。天堂共有九重天，天使们分别住在月球天、水星天、金星天、太阳天、火星天、木星天、土星天、恒星天和水晶天。天堂并不是所有人随随便便能进入的，只有那些生前被人们称颂的善人、义人，如贤明的君主、学界的圣徒和一心向善的教士，只有这些人才能来到这里，享受

永恒的幸福。整个天堂宏伟庄严、光芒四射，到处充满仁爱与快乐。在第八重天，三位圣人询问了但丁对“信、望、爱”的理解，之后但丁跟随圣人培纳多进入了神秘明丽的苍穹，但丁正想要探究“三位一体”的深刻奥秘之时，突然金光一闪，安静祥和的极乐气氛就在此时戛然而止。

《神曲》中的插图——但丁在地狱中

阅读《神曲》会发现其内容庞杂，过于离奇，意义晦涩。读者之所以会有这样的感觉，主要是因为不了解中世纪文化背景所致。虽然有这样、那样的“瑕疵”，但在那个时代，它完全可以称得上是一部结构严谨的作品，人物、场景安排均可以在现实中找到依据。现实中但丁对当时的罗马教皇卜尼法西八世和已故教皇们所犯下的罪孽切齿痛恨，同时也极力反对教会推行蒙昧主义，但在诗中但丁没有反对宗教信仰。他曾写过一部《帝制论》，这本书的第三卷的最后一章可以说是理解《神曲》的一把钥匙。在这部作品中，但丁提出了“今世的幸福”和“永生的幸福”的理念，其实他这是在模仿奥古斯丁。在《神曲》中，但丁独具匠心，精心安排了两个人物，一位是象征理性、知识的

维吉尔，另一位是虔诚、象征信仰的贝阿特丽奇，让他们作为自己的导师。基督教认为人只要生活在世上就会成为罪人，因此，地狱、炼狱中囚禁的都是在生前犯了罪过的人，区别只是在于他们所犯罪的性质不同，轻重不一样而已。他们代表了现实社会中的各色人等。天堂中的人并不是完美的人，并不是什么罪过也没有，他们其实也犯过罪，但在炼狱里他们已洗尽了罪责，因此可以享受与神相同的荣耀。在但丁进入炼狱之前，天使在其额头刻下七个“P”字，表示罪孽深重之意。在炼狱中，诗人每登上一层，就会有一位天使将“P”字抹去一个，等到他走出了炼狱山，七个 “P”字已经被全部抹去，这表明他身上的罪恶已经全部洗清，可以登上天堂了。作为理性象征的维吉尔只能在“人间天国”里为诗人引路，当他的引路者，而象征信仰的贝阿特丽奇才有资格带领他进入 “天上王国” 。从这一点可以看出，但丁更看重信仰。他在《神曲》中探讨了自身的命运、意大利民族乃至人类的未来命运。但丁认为意大利民族乃至整个人类社会必须在信仰的支撑下，用理性规范自身行为，在道德完善和精神境界方面不断地超越自我，才能够做到与最高真理合一，获得光明的前途。

作为一位新旧交替时期的诗人，但丁不可能不受中世纪文化的影响，但他在《神曲》中还是萌发了对黑暗现实抗争的思想，这也使得他能够成为新旧时期一位承上启下的人物。但丁对希腊、罗马的先贤如柏拉图、亚里士多德、荷马、维吉尔等人十分推崇，肯定了他们对灿烂文化的杰出贡献。同时，他充分肯定知识和理性精神，理性、客

观地批判了中世纪教会推行的文化专制主义和蒙昧主义。但丁自己是一位基督教徒，他不可能将那些异教徒安排进天堂，但也没有将他们放入地狱这样恶劣的环境中去，而是将他们安排进一个幽静不受打扰的地方。但丁还着重刻画了保罗和弗兰采斯加，他们因为追求爱情而被残忍地杀害，死后还要到地狱受苦，诗人为他们鸣不平，批判了教会的禁欲主义。但丁在诗中还流露出希望早日结束党派之争，实现国家统一的美好愿望，表达了对祖国的挚爱。在《地狱》的第六歌中，他抒发了自己的真挚情感，充满了对家园的眷念，表达了对破坏祖国和平的人的愤慨之情。除此之外，他还对教皇干预政权进行了猛烈的批判，将其视作导致民族不和、城邦纷争的罪魁祸首。在游历地狱中，他遇到尼古拉三世教皇的灵魂，对他痛斥道："因为你的贪婪使世界陷入悲惨，把好人蹂躏，把恶人提升。"当时教皇卜尼法斯八世尚在人间，但但丁却在地狱中为其安排好了位置，将他放置在石穴中接受火刑的惩罚。但丁还猛烈地抨击了腐败贪婪的教会势力，将那些贪财败德的主教们比喻为"穿着牧人衣服的贪狼"。但丁还鄙视那些在政治斗争中见风使舵、毫无原则的政客，将他们的灵魂安排在地狱第一层的一个长廊里，暗喻这些人连地狱都不肯收容，他们将遭受大黄蜂的叮咬，任凭狂风吹得飘来荡去。尽管《神曲》塑造了一个梦幻的世界，但其描绘的场景实际上就是当时意大利社会现实的写照。

在《神曲》中，但丁运用了救赎观念及地狱、天堂、炼狱三个元素构建整个诗篇，将这些纷繁复杂的素材放置在一个严谨的架构之

地狱篇《神曲》插图。波提切利为但丁的《神曲》绘制了大量的插图，其中只有包括本画在内的两幅作品是彩色的。

中，长诗分成三部——地狱、炼狱、天堂，每部33篇，加序诗1篇，共100篇，而且每3行分节，各部诗行大致相符，全诗工整、匀称，结构本身也充满了象征含义。诗中的许多人物在诗人笔下都是鬼魂，但由于均有现实依据，因此人物血肉丰满、性格鲜明，令读者印象深刻。但丁可谓是先知文学和启示文学的继承人，他将澎湃的创作激情与梦幻相结合，将对现实的评判与对“天国”的信仰相结合，表现了惊人的想象力，将中世纪文学的想象、梦幻等因素运用得恰到好处。

《神曲》中但丁的天堂引路人贝阿特丽奇不是虚构的，她在现实生活中是有原型的，她就是但丁当年一见钟情的恋人，而这段恋情正是在“旧桥”上发生的。当时但丁正站在桥上，迎面走过来了手持鲜

《但丁与贝阿特丽奇邂逅》

花的贝阿特丽奇，午后温暖的阳光洒在贝阿特丽奇的身上，好像天使一般，懵懂的少年情窦初开，但不幸的是贝阿特丽奇遵照父亲的意志嫁给了一个贵族，25岁那年就离开了人世。但丁听到这个消息后，悲恸欲绝，对这位温柔、美丽的少女一直念念不忘，便在《神曲》中将其塑造成为他天堂的引路人、信仰的象征。

但丁及他的作品深深影响了文艺复兴的进程，人们通过他的作品看到了现实的黑暗，初次接触了人文主义理性的光辉。除此之外，但丁还通过《神曲》成就了意大利的语言，成就了意大利的文学，进而成就了整个意大利的民族文化，这是任何人都难以超越的。

人文主义之父——彼特拉克

作为意大利著名的诗人、学者，彼特拉克被称为“人文主义之父”。他以“十四行诗”闻名于世，开辟了欧洲抒情诗的道路，后人尊称他为“诗圣”。他同但丁、薄伽丘并驾齐驱，被称为“文艺复兴三杰”。

彼特拉克出生在佛罗伦萨附近的阿雷佐，他的童年是在靠近佛罗伦萨的一个乡村中度过的。彼特拉克的父亲瑟·彼特拉克在1302年遭到了黑手党政权的迫害，被放逐。他们后来迁往法国的亚维农居住，彼特拉克早年的生活就是在那里度过的。在此期间，他游历各地学习，曾在法国的蒙彼利埃、意大利北部的博洛尼亚学习过。彼特拉克的父亲希望他能够学习法律、宗教方面的知识，但他对此实在提不起兴趣来，倒是对古罗马文化产生了浓厚的兴趣。在学习期间，他认识了薄伽丘，并经常与他分享新作。彼特拉克还对拉丁语产生了兴趣，为了搜寻拉丁语写成的经典和手稿，他经常在法国、德国、意大利和西班牙等国穿梭。伴随着《阿非利加》的问世，彼特拉克一举成为当时欧洲著名的诗人。父亲去世后，彼特拉克只身一人回到了亚维农。在亚维农，他在各个事务所尝试了各种不同的工作，但作为一个学者和诗人，他的名字再一次被世人关注。1341年，他还在罗马摘得了诗人桂冠。彼特拉克就像一位文化使者在欧洲各地游历，将自己的思想传播开去。他还是一位多产的作者。在旅行时他注意收集古人的手

稿，并根据自己搜集的材料创造了“黑暗世纪”这一概念。

之后的十几年，彼特拉克在教廷谋得了一个职位，并且在红衣主教乔万尼·科伦那的周旋下，参加了一些宗教活动，可以说这个时期的彼特拉克生活得非常清闲、安逸，这也使得他有足够的时间和精力进行诗歌的创作。也是在这一时期，彼特拉克亲眼目睹了教会的黑暗、腐败、贪婪和虚伪，促使他走上了人文主义的道路，成为文艺复兴的“三杰”之一。

弗朗西斯克·彼特拉克

彼特拉克最优秀的作品是抒情诗集《歌集》，这部诗集是用意大利语写的，主要表达了他对一位女性的爱慕，这位女性就是劳拉。彼特拉克第一次见到劳拉是在亚维农的一座教堂里，当时劳拉出演《离散的旋律》这部歌剧，劳拉的身影激发了他压抑已久的创作冲动。劳拉这一形象就像达·芬奇的蒙娜丽莎一样难以确定，她可能是一位农场主的妻子，也可能是诗人幻想的人物。彼特拉克在诗中刻画的爱情与那些游历诗人笔下的爱情不同，每次劳拉的出现对诗人来说都会获得一种精神上的愉悦。但这场单相思最终无疾而终。在诗中劳拉除了长着一头金黄的头发，具有高贵不可侵犯的气质之外，很难再找到关于她的任何描写。彼特拉克对她的爱慕是单方面的，劳拉可能一辈子都不知道有一位著名的诗人曾深深地爱恋自己。而对于彼特拉克来说，他将对劳拉的全部感情投入到了创作当中。当劳拉离世的消息传来之后，彼特拉克悲恸欲绝，他将这份哀伤融进了那首《给后人的信》，在这首诗中，诗人这样写道："我年轻时，我曾一直同那无法抵抗的，但是纯洁的，我唯一的爱，斗争。如果不是她的早逝，我会继续斗争下去，（斗争）痛苦，但是对我有益的。斗争把那团火熄灭。我常常希望我能说我完全自由于肉体的欲望了，但是我知道，那样我是在说谎。"

《歌集》中的诗与其说是诗不如说是诗体日记，这些诗大多是诗人即兴而作。后人根据劳拉的一生将这部作品分为两部分——《圣母劳拉之生》和《圣母劳拉之死》。彼特拉克这样大胆地描写、歌颂爱情，冲破了禁欲主义的束缚，完全摒弃了中世纪诗歌中神秘象征、隐晦寓意的写法，大胆地描写了现实中的人，诚实地向人们表达应该如何追求幸福美好的生活。在他的笔下，劳拉是一位单纯开朗、平易可亲的具有新时代精神的女性，完全不是中世纪那种高不可攀、矫揉造作的贵妇人。彼特拉克从人性的角度出发，用写实的手法将劳拉的美貌刻画出来，这使得他的诗歌具备了清新的特质，让人们体会到了艺术独有的感染力，使读者百读不厌。当他将他对劳拉的爱慕公布于世的时候，引起了广大读者的共鸣，很多人也对劳拉产生了爱慕之情，他们千里迢迢、不辞辛苦地从很远的地方赶到阿维农，希望能够见一

下、欣赏一下这位诗人笔下的绝代佳人。当时的劳拉已经步入中年，加上生活所累，已经没有了往日的光彩，这样就使得这些远道而来的人乘兴而来、败兴而归。

《歌集》以歌颂诗人对劳拉的爱情为主，但也包含了少量的政治抒情诗。诗人热情地赞颂祖国，希望它能够早日统一，并借此揭露教会的腐化。《歌集》也反映了诗人生活和内心的矛盾，诗人热爱生活，向往美好的大自然，渴望得到人间的幸福，追求美好的爱情，但在现实生活中却不能摆脱宗教传统和禁欲主义的束缚；诗人热爱祖国，有浓厚的民族意识，但又远离群众，看不起群众，而这些恰恰也反映了从中古向新时代过渡的人文主义者的矛盾。彼特拉克的抒情诗有着普罗旺斯和“温柔的新体”诗派的优点，同时又克服了诗歌的抽象性和隐晦的寓意，表现出了一个人文主义者对这个世界的关怀，使爱情诗更加贴近生活。诗人在劳拉身上寄托了对美的想象，不但对其形体美大加赞赏，还注重其精神品质。彼特拉克的《歌集》无论从内容还是形式方面都为欧洲资产阶级抒情诗开辟了道路，十四行诗占了整部作品的大部分，可谓达到了艺术上的完美，因此也成为欧洲诗歌发展史中的一类重要诗体。

文艺复兴时期的人文主义者大都是百科全书式的人物。彼特拉克不仅是一位著名的诗人，还是一位政治家。他对国家的安全问题、民众文化、政治和人民生活的关注尤为密切。

当时的人文主义者作为市民中的精英阶层，只是参与了政治，并

没有真正掌握政权。而人文主义者所要做的就是将高高在上的政治学拉回人间。

在晚年，彼特拉克写了《论统治者应当如何统治》的文章，在这篇文章中他阐述了市民精英阶层是怎样看待政治的。后来这篇文章成为统治者实行统治的一部具有指导意义的书。它与《神曲》一样提出了统治者必须依靠美德实行自己的统治，它们都认为只有靠美德才能维持统治，才能从根本上保障社会和谐。但与《神曲》不同的是，《论统治者应当如何统治》谈论的并不是如何修身养性，而是向人们展示了真正的美德是什么，即统治者实行统治的根本原则是什么。在文章中彼特拉克系统地阐述了自己的政治理想，他认为好的统治者应该是这样的：首先应该维持社会的安定，要有强大的财力支撑，并且要学会依靠群众的力量，不能随意挑起战争，应避免流血事件的发生，要保持学习，让自己有足够的智慧来治理国家。可以看出，彼特拉克描述了一个理想的政府，在这个政府的领导和治理下，民众的基本需要如安全、稳定、秩序、和平、节俭、财政充裕都能得到充分保障。实际上这个国家实行的是君主统治，但君主必须吸纳市民的看法。这主要是因为，只有得到市民认同才是一个君主统治的基础，正所谓“水，能载舟，亦能覆舟”。在这里，统治者的美德必须得到公众认同。要保持社会的稳定和城邦的繁荣，就必须使得政府与民众的利益保持一致。总之，彼特拉克并不反对君主的统治，只不过渴望这种统治能与民众建立一种结盟的关系，其中最关键的是政府能体现

人民的意愿。这种联盟关系是需要通过实践检验的，正如他自己所言："当事实自己能说话的时候，细枝末节的赞美就只是一种愉快的练习了。"

彼特拉克像。彼特拉克的一生充满了无穷无尽的掌声和赞誉。他歌颂爱，歌颂自然，歌颂新生的太阳。每当他到达一座城市，全城的男女老少都蜂拥地迎接他，就像欢迎一位征服世界而凯旋的英雄。

在《论统治者应当如何统治》一文中，彼特拉克将主要的关注点放在了民生方面，并将民生作为衡量一个政府政绩的主要方面。他认为，国家需要保护公共利益。政府如何对待人民，人民心中有数，自然会回馈政府，这也是文艺复兴时期政治观念方面的转变。从人民对君主的完全依附转向了政府和人民相辅相成。公民需要积极参与国家管理，政府执政要呈现一定的透明度。在共同利益的驱动下，尽管统治者手中仍握有大权，但他们却没有办法独断专行，在发布命令前必

须要先考虑到人民，把民生问题纳入到政府事务的框架中去。因此只有那些时刻关注人民利益的政府才能最终赢得人民支持。

彼特拉克认为君主或者政府美德的发扬有助于实现君民之间良好的合作关系。他谆谆告诫统治者一定要在心中时刻高举美德的火炬，将美德视为自己的知己、好朋友，只有这样才有利于发挥君主的聪明才智。人民需要美德，他们的美德主要是对政府的服从，而统治者也需要美德，他们的美德则是能够维护国家主权、保卫人民的财产安全，保障人民的基本生活。彼特拉克希望统治者能够将人民的善作为规范自己行为的准绳，不能因为自己的私利而做出背离人民的事情。

彼特拉克所提到的这种公共的善，或者是政治方面的善，都是与具体的民生联系在一起的。政府需要承担各种公共设施的建设，如城市街道的维护，残缺城墙的修葺，城市的下水管道的铺设及及时处理沼泽地带，公共环境的维护，当然最重要的当属教育问题。城市不仅要开办小学、各种研习班，还要开设一些综合性的大学，提高国民素质。

在彼特拉克看来，仁爱思想可以分为公爱和私爱。他认为在某种程度上公爱和私爱是相同的。如果一个人想要被人爱，那他首先就要学会如何去爱人，这一点是最关键的。统治者应当付出自己真实的爱，而不要把爱当做自己政治生活中的一个筹码。如果用这种标准衡量，统治者可以分为两种，一种是万民敬仰的，可以称得上是“国家的父亲”的统治者，另一种是以国家和信仰的对立面出现的。一个领

主必须怀有一颗公正之心去善待他的人民。一个父亲可以以一颗真诚、没有欺骗的心来爱自己的孩子，这种爱很容易而且不求回报，但对于统治者来说是远远不够的，必须要超出私爱的范围，必须要把公民看做自己的一部分，要像爱自己的灵魂、身体那样爱民众。这种爱是有回报的，而这种回报就是国家的安定、统一。

从彼特拉克的文章中可以看出启蒙主义的力量，就政治而言，它不仅可以给君主以警醒的作用，也可以让民众看到自己的力量。

文艺复兴的先驱——薄伽丘

薄伽丘是文艺复兴时期的杰出代表、著名的人文主义者、作家。他是彼特拉克生活上的挚友，文学上的助手。对于他的出生地，后人少有知道。据说他是法国女子与佛罗伦萨商人的私生子。在很小的时候，母亲就去世了，他跟随父亲来到佛罗伦萨。他的童年缺少了同龄人的快乐，父亲对他很严厉，后母也虐待他，可以说，他的童年很凄惨。

等薄伽丘大些时，为了让他有一技之长，父亲把他送到了那波利的一个商社学习经商，但薄伽丘对此毫无兴趣。没有办法，父亲只好让他学习法律及一些宗教法规，但薄伽丘依然没有兴趣。后来，他自学了文学，因为从小他就喜欢文学，但却遭到了父亲的反对。薄伽丘自小喜爱文学，他自学诗学，阅读经典作家的作品。在那波利生活的那段时间里，他深入接触了市民的生活，这一时期的生活为他日后创作《十日谈》奠定了坚实的基础。与此同时，他有幸进入安杰奥的罗伯特国王的宫殿，在这里他遇到了许多志同道合的人，结交了一些著名的人文主义诗人、学者及法学家，他的才学得到了很大的施展。这一经历进一步丰富了他的人生，激发了他对古典文学的兴趣，也成为他日后创作《十日谈》的素材。在《十日谈》中有一个女性，就像彼特拉克《歌集》中的劳拉一样。这个女人就是薄伽丘在宫廷期间认识的罗伯特的私生女玛利亚，他与玛利亚陷入了深深的爱恋当中。

不幸的是，此时薄伽丘父亲的生意遭到了变故，致使他悠闲自在的生活难以继续下去，没有办法，他不得不回到佛罗伦萨，而此时的佛罗伦萨正陷入激烈的政治斗争之中。薄伽丘在共和政府中谋得了一份官职，他不仅管理财务，还受共和政府的委托，与意大利其他城邦及教会周旋、打交道。而对薄伽丘一生影响最大的是他与彼特拉克的相遇。他们相识不久后，就因为文学的共同爱好而建立了深厚的友谊。对文学的热爱，再加上孜孜不倦的探索，终于使得薄伽丘成为一位学贯古今的人文主义者。晚年的时候，薄伽丘更是致力于《神曲》的研究，并在佛罗伦萨大学主持了《神曲》的讨论。

乔万尼·薄伽丘雕像

薄伽丘的成功不仅因为他的

才华横溢，也因为他的勤奋。他比较擅长短篇小说和传奇小说的写作，在诗歌创作上也卓有成效。他的第一部作品是传奇小说《菲洛柯洛》，这部小说以中世纪罗马宫廷为背景，讲述了一个信仰基督教的少妇与一个异教徒青年的爱情故事。在那个年代，基督教徒是不允许与异教徒结婚的，但他们还是大胆地挑战了权威，冲破了重重阻隔，最终如愿以偿。而《十日谈》中也有两篇故事是以此为题材的。他的两篇叙事长诗《菲洛斯特拉托》和《苔塞伊达》分别取材于《特洛伊传奇》和《埃涅阿斯纪》。诗中，薄伽丘以歌颂爱情和友谊为主题，展示了人世间的美好，将古典文学与现代情感完美地融合。薄伽丘还模仿但丁的《新生》写了牧歌式传奇《亚美托的女神们》。他运用神话题材，讲述了一个粗野的牧羊青年是如何在爱情的熏染下变成了一个品格高尚的人。此外，他还深受但丁的影响写成了另一篇长诗《爱情的幻影》，借一次具有寓意性的旅行抒发了对美好爱情的赞美。之后他又写了《菲埃索拉的女神》，它赞美了美好的爱情，讲述了牧羊人与女神的爱情故事，但他们的爱情违背伦理道德，于是戴安娜女神将他们变成了两条河流以示惩罚，但是他们还是能够汇集到一起。接下来，他又创作出了仅次于《十日谈》的小说《菲洛美塔的哀歌》，在这部小说中他将一个被情人抛弃的女子的那种爱与恨、孤独与绝望刻画得淋漓尽致。而这部作品的特点就是通过对世间美好事物的赞美来谴责教会的禁欲主义，虽然有时会带有中世纪和骑士文学的特点，但薄伽丘运用了高超的艺术表现力避免了俗套，同时又歌颂了美好的爱情。晚年的薄伽丘沉迷于古典文化的研究，写了两部比较有影响力的作品《异教诸神谱系》和《但丁传》，在这两部作品中充满了对教会的不满。薄伽丘认为，诗歌应该模仿自然，启迪民智。他非常注意学习古希腊、古罗马的文化，并从中汲取营养，从而奠定了文艺复兴时期诗学的基础。

真正奠定他在文学史上地位的还是《十日谈》，薄伽丘用他的热情和直率进行了创作，描写了当时的社会百态。《十日谈》讲述了10名男女青年为了躲避当时佛罗伦萨肆虐的黑死病，到乡村避难，他们靠宴会歌舞和讲故事打发无聊的时光，10个人在10天里共讲述了100个故事。这部作品处处洋溢着人文主义的气息。作者借这10个人之口猛烈抨击了宗教神学和教会，揭露了教规的陈旧及僧侣们的贪婪，将教会真实的一面赤裸裸地展现在人们眼前。教会对于人们思想的控制已经达到了无以复加的地步，要求人们舍弃情感，虔诚地信仰上帝。而反对教会最好的武器就是爱情。但薄伽丘通过对爱情的歌颂来达到反对教会的目的。他认为，禁欲主义禁锢了人们的思想，束缚了人们的天性，人们有权享受美好的爱情和追求现实的幸福，他高度赞扬了那些敢于冲破封建等级观念的年轻人，抨击了封建特权制度，提倡男女平等与社会平等。

薄伽丘希望人们学会正视自己的才能，成为健康、活泼、俊美、多才多艺并全面发展的人。他以自己丰富的生活阅历和巨大的艺术感染力，刻画了来自各个阶层的数百个人物，这些人物展示了一幅意

《十日谈》插图——波提切利油画

大利生活的全景图。他运用了框形结构，将这100个故事纳入到这个框架中去，使《十日谈》无论是在思想上还是在艺术上都堪称是一部完整的作品。同时，他以一个新兴资产阶级人文主义者的身份，对中世纪以来教会宣扬的禁欲主义及各种封建伦理观念提出了挑战，猛烈地抨击了封建权贵和教会。自中世纪以来，教会就是欧洲封建社会的统治基础，它和封建君主狼狈为奸，欺压和压榨人民。封建道士无耻地向人们宣扬来世天国和君权神授等思想，让人们相信自己是夏娃和亚当的后代，因为祖先偷吃禁果而获得了“原始罪孽”，而他们又将这一罪孽传给了他们的后世子孙，所以人一出生就带着原罪，人只有在现实社会中忍受苦难，死后才能获得上帝的救赎进入天堂。他们就是要让人们忍受他们的盘剥和压迫，顺从他们的统治。当时天主教会的中心——罗马教廷控制着世界各地的天主教会，并且还参与各地的政治活动。在高压统治下，意大利的反动势力格外的强大和顽强。而薄伽丘认清了天主教会的本质，吹响了反对教会统治的号角，树起了一面反封建的大旗。《十日谈》尤其体现了这一点，人文主义思想占据了其主导地位，表现出了鲜明的反封建色彩。仅从这一点来看，薄伽丘就比同时期的作家更进一步。像他的挚友彼特拉克，其作品中充满了对大自然和生活的热爱，以及对崇高爱情的向往，但彼特拉克还是很难摆脱长期以来禁欲主义和宗教传统观念，他会为鼓励凡人追求幸福而感到不安，甚至有时会忏悔，这也表现了当时的文人、学者处在这样一个过渡时期内心的矛盾与不安，这种情绪在作品中或多或少会流露出来。薄伽丘是冲破宗教思想藩篱的勇士，他将自己手中的笔当成刺穿宗教罪恶灵魂的剑，对教会的腐朽统治进行了猛烈的批判，揭露了教士的腐朽与堕落。《十日谈》第一天的第二个故事就讲述了一个名叫柏拉罕的犹太人对教皇、红衣主教乃至整个罗马教廷的罪行进行查访的故事，薄伽丘毫不留情地指出了整个罗马教廷就是一个罪恶的熔炉，而教士们个个都是寡廉鲜耻的人，虽然他对这些罪行的描写有的较为粗略，但却揭露了教会的反动本质。很多主教无恶不作，死后却被人尊为圣者，比如圣伯度神父，在生前，他过着穷奢极欲的生活，死后还戴着价值不菲的金戒指进入了坟墓。那些人们认为神圣不可侵犯的人在薄伽丘笔下一个个成了小丑，而法庭、军队、法官都是封建统治的帮凶，他们不是贪官就是歹徒。在第六天的第五个故事里，有一个自视非常博学的法学家。他时常嘲笑他人智力低下，但有一天却被一个地位低下的平民嘲笑，他竟然不能用平时所学为自己辩解，在大庭广众之下颜面荡然无存。薄伽丘不像其他作家那样将法庭描绘成人间地狱，而是将其看做嘲弄法官

的场所，用笑声为武器来鞭打这些昏庸的法官。有两个年轻人假装吵架，找到了法官评理，就在法官听一个青年讲述吵架过程的时候，另外一个青年趁机跑到了法官的椅子底下，悄悄地将他的裤子脱了下来，当法官站起来的时候，情形可想而知。薄伽丘对封建教会的揭露不只是只言片语，而是贯穿在整个故事当中。《十日谈》一问世就产生了广泛的影响，使得之后很多的人文主义作家都将宣扬禁欲主义的僧侣阶级作为批判的对象。薄伽丘的进步之处不仅在于批判了封建教会的禁欲主义，还宣扬了乐观积极的生活态度、及时行乐的人生理念，热情地赞扬了爱情、荣誉、智慧和友谊。与中世纪向文艺复兴过渡时期产生的《神曲》相比较，《十日谈》向前跨了一大步，摆脱了以梦幻形式出现的神秘主义，脱下了神学的伪装，在现实主义进程中向前迈出了一大步。

禁欲主义将女人看成祸水，将男女之爱当做邪恶的肉欲。针对这一看法，薄伽丘做出了有力的回击。他认为女人是上帝最美妙的创造，爱是一种自然健康的感情，爱情的力量不应该受到任何约束与阻挠。在《十日谈》第五天和第六天的许多故事中，描写了年轻的男女如何一见倾心、私订终身，如何冲破了封建的藩篱、等级观念，品尝到爱情的美果。除此之外，他还对那些年轻男女的爱情悲剧给予了同情。应该说薄伽丘的爱情观是带等级观念的，他往往将处于社会下层的市民阶级刻画成忠于爱情、具有美好德行的人，而那些自恃清高的教父、僧侣就会表现出动物般的兽性，他们往往成为爱情的倒霉蛋，有时会损失一笔钱财，有时会遭受皮肉之苦，有时希望如肥皂泡般毁灭。同时，他也非常痛恨那些单纯为了追求物质利益而逃避爱情的行为，他曾经借讲故事人之口说过，女人如果单纯为了追求钱财而与人通奸的话，就应该受火刑。但是如果抵抗不了爱情的诱惑而失身相从的话，却是可以谅解的，从这一点也可以看出薄伽丘对为钱而爱和为情而爱的态度是不同的。中世纪封建教会宣扬上帝是万能的，人在上帝面前是渺小的、无能为力的，人只有服从上帝的命令。但在《十日谈》中，薄伽丘刻画了一个个敢于向封建教会挑战的英雄形象，比如医道高明的、医治好国王的女医生，敢于戏弄国王的马夫，凭借自己的机智躲避主人惩罚的学者，这些人都藐视上帝，不信神道，相信只有通过自己的智慧和充沛的精神才能够追求到自己所要的幸福，只有自己才能够支配自己的幸福。

这种对于爱情的信仰在薄伽丘的一生中并不是一以贯之的。在他的最后一部作品《大鸦》中，他诅咒了爱情给人们带来的罪恶，表示以后将收敛心性，潜心做研究，这就表现出了他后期思想的动摇。但丁的《神曲》开辟了反教会的先河，而薄伽丘将这一做法继续贯彻下去，并取得了巨大成就。

绘画奇才——达·芬奇

在意大利佛罗伦萨附近有个叫芬奇镇的海滨小镇，著名的画家列奥纳多·达·芬奇就诞生在这个镇上的一个叫安奇亚诺的小村庄。

达·芬奇的父亲皮耶罗·达·芬奇是镇上有名的公证人，家境殷实。达·芬奇从小便与祖父生活在一起。从孩提时代起，他就兴趣广泛，喜欢唱歌，时常即兴演唱。但他最喜欢的还是绘画，经常给邻居们画画，并赢得了“绘画神童”的美称。

父亲见他痴心于绘画，便送他到著名的艺术家韦罗基奥的画坊学习绘画。韦罗基奥的画坊是当时佛罗伦萨的艺术中心，汇集了众多的人文主义学者、知名艺术家和科学家。达·芬奇来到画坊之后，韦罗基奥并没有急于教授他各种绘画技能，而只是给了他一个鸡蛋，让他每天对着这个鸡蛋作画。起初达·芬奇老老实实地花了几幅画，但韦罗基奥并不满意，继续让他绘画。终于有一天达·芬奇忍不住问韦罗基奥为什么天天让他画鸡蛋而不教他别的技能，韦罗基奥告诉他，鸡蛋并不是他看到的那样简单，世界上没有相同的两只鸡蛋，即使是同一个鸡蛋，因为观察的角度、光线的不同也会呈现出不同的形态，达·芬奇这才明白老师的良苦用心，开始苦练绘画的基本功，这为他以后取得艺术成就打下了坚实的基础。20岁的时候，达·芬奇就有了很高的艺术造诣，他不仅仅局限

红色粉笔画的达·芬奇画像

于画笔，还学会了用刻刀表现大自然和现实世界的真、善、美，热情地歌颂自然、歌颂幸福生活。达·芬奇除了在绘画上有所造诣之外，还广泛涉猎各个领域，对未知的东西充满好奇。有一次他在山中迷了路，走到了一个漆黑的山洞前，他很害怕，不知道山洞中到底有什么，但同时也很好奇，好奇山洞里面到底有什么东西。就是这种在自然面前的无力感和揭露神秘自然的兴趣，让他的艺术具有了独到的表现力。

在画坊学习的时候，达·芬奇表现出了非凡的绘画才能。韦罗基奥要达·芬奇协助自己绘制《基督受洗》，达·芬奇的任务很简单——绘制基督旁边的一个天使。后来达·芬奇绘制的天使的神态、表情及其色彩饱和度已经远远超出了韦罗基奥。现存的《受胎告知》这幅画，就是达·芬奇在没有老师的指导下独立完成的。这幅画除了表现出独到的艺术构思之外，还运用了当时盛行的透视画法。之后他创作的《吉内薇拉·班琪》摒弃了之前追求线条分明的表现方法，采用了逆光夕照的方法加以渲染，同时也运用了他所提倡的透视画法，

《基督受洗》

达·芬奇名画《受胎告知》

使得作品熠熠发光。这两幅画都是他初期的代表作品，而标志着他的创作进入成熟期的作品是《三博士来朝》。很遗憾，这幅作品最终没有完成，但从完成的部分可以看出，在构图和人物表现方面，他所显示的艺术才能已经完全超过了他的老师和同时期的许多画家。这幅画作由圣母婴孩及三个博士构成了三角式的稳定结构，用透视画法来表现建筑遗迹及万马奔腾的场景，这是他对传统题材进行的彻底颠覆，不再从叙事角度单纯地罗列人物，而是将人物通过明暗对比从阴影中突出出来。这幅画作可以说预示着绘画界文艺复兴的到来。

达·芬奇这一时期最负盛名的作品当属《最后的晚餐》，这幅作品讲述了基督在被捕之前同自己的12个信徒诀别的场面。这幅作品现存于米兰圣玛利亚德尔格契修道院的墙壁上，这使得画中的厅堂与现实中的饭厅的建筑结构融为一体，让人们感觉这一情景就像发生在自己眼前一样。达·芬奇在创作的时候将耶稣和他的12个信徒平列在观者面前，将基督置于画作中央，当基督说 “你们当中有人出卖了我”

达·芬奇《最后的晚餐》

的时候，各信徒脸上的愤怒、难以置信、沉默、惊恐、慌张的神态展现在观者面前，这样既刻画了人物独特的性格，也深入了绘画主题，与构图相得益彰。1500年，达·芬奇回到了佛罗伦萨，这时的佛罗伦萨已经恢复了共和体制，文化气氛空前活跃。这一时期他为兰则塔大教堂的主祭坛绘制了《圣母子与圣安娜、圣约翰》。在绘制之前他向市民展示了《圣母子与圣安娜、圣约翰》的素描草图，立刻引起了广泛的关注，其中的构图和画法启发了当时的画家，米开朗琪罗和拉斐尔纷纷从这幅画中汲取灵感。1503年，佛罗伦萨市政厅邀请他绘制壁画《安吉里之战》，与此同时他又开始创作《蒙娜丽莎》和《圣母子与圣安娜、圣约翰》这两幅画。这两幅画连同《施洗者圣约翰》一起成了他一生中最为珍视的三幅画。晚年达·芬奇移居法国时也随身将这三幅画带在身边，最终这三幅画留在了法国。回到佛罗伦萨之后不久，达·芬奇来到了米兰，继续为米兰宫廷服务。之后他又迁至罗马

《圣母子与圣安娜、施圣约翰》

和法国，最终在法国定居，期间他并没有进行太多的创作而是进行一些科学实验及研究一些类似于魔法的小把戏。在罗马，很多人将他视为巫师。晚年达·芬奇将工作的重心转移到了科学研究中。他死后留下了大量的手稿，其中涉及物理、数学、生物等多个学科。虽然他的画作不是很多，但件件都是精品，而且他善于将艺术与科学融合，这在世界美术史上是绝无仅有的。

在这些画作中，最吸引后世目光的是《蒙娜丽莎》，可以说它是最能体现达·芬奇艺术才能的。画中的女人体态丰盈，坐姿端庄，背景的山水朦胧幽深。达·芬奇试图将人物的内心同她美丽的外表结合起来，对于能够表现人物感情的眼角和嘴唇，他着重掌握了精确与含蓄的辩证关系，使得蒙娜丽莎的微笑成了一个千古之谜，很多科学家都将这一微笑形容为“神秘的微笑”。几百年来，人们一直对《蒙娜丽莎》神秘的微笑进行着孜孜不倦的探究。不同的观赏者带着不同的心情，在不同的时间去观赏，感受也会不同。有的人觉得她笑得如阳光般温柔，有的人认为她严肃，有的人会觉得她的笑中带着淡淡的哀愁，有的人甚至觉得她的笑中带着讥嘲和揶揄。画中，光线不能像对雕塑那样产生很大的影响，但在蒙娜丽莎的脸上，似乎有一道阴影时隐时现，这就使得她的双眼与唇部像披上了一层神秘的面纱。表现笑的最明显的是人的嘴角和眼角，但达·芬奇把这两个部位画得若隐若现，没有明显的变化，这样就产生了让人捉摸不定的“神秘的微笑”。很多学者为解开这一神秘的微笑做了大量的研究，哈佛大学的一位学者指出，蒙娜丽莎微笑的出现并不是因为蒙娜丽莎表情的神秘莫测，而是与人的视觉系统有关。当人们注意蒙娜丽莎眼睛的时候，外观视觉将本来的颧骨的阴影扩大，这样就出现了微笑，而当人们注意她的嘴唇的时候，这个微笑永远无法出现。1993年，加拿大美术史家苏珊·吉鲁公布了一项震惊世人的研究成果，她认为蒙娜丽莎的嘴唇实际上是一个男人的脊背，乍听上去这一说法十分荒诞，但她找出了有力的证据。达·芬奇不仅是画家，而且还是雕刻家、建筑师、工程师，当时的人都称他为“怪杰”，因为他非常喜欢穿粉红色的衣服，喜欢把胡子涂得五颜六色，而且还是一个左撇子，喜欢从右到左写字，以至于人们只有借助镜子才能读懂他写的字。苏珊·吉鲁从中得到了启示，于是将镜子旋转了90度之后得出了这一结论。关于蒙娜丽莎的微笑也有很多的争论，有的学者认为她根本没有在微笑，而是在掩盖自己没有长门牙的缺陷；有的人则认为她是因为中过一次风，导致半张脸肌肉松弛，恰巧脸歪着像是在微笑；甚至有的学者细致地观察到她的左右脸不对称，左边脸大于右边脸，进而得出蒙娜丽莎并

不是一位女性而是两性的结合体的结论。对于这一问题至今还没有一致的结论，但这并不能阻碍《蒙娜丽莎》给人们带来的视觉体验。除了蒙娜丽莎的微笑最能吸引人们的目光之外，还有就是这幅画的背景之谜，人们对于蒙娜丽莎身后的背景莫衷一是，有的学者认为达·芬奇所描绘的背景应该是意大利中部阿雷佐市布里阿诺桥。因为达·芬奇出生在芬奇镇，距离阿雷佐不远，而且达·芬奇曾经在阿雷佐生活过，这一地区的原始景观与《蒙娜丽莎》的背景如出一辙，所以，达·芬奇很有可能将这一地区的景色作为《蒙娜丽莎》的背景，这一观点也得到了学术界的一致认同。意大利艺术史学家卡拉·格洛里认为，画中蒙娜丽莎肩上方的背景是意大利北部小镇博比奥大桥和一条路，而在此之前人们普遍认为《蒙娜丽莎》的背景是虚构的。格洛里声称，博比奥确实有这样一条像画中那样蜿蜒曲折的道路，而达·芬奇从他居所的窗户可以看到这座拱形大桥。她是在研究《蒙娜丽莎》的真正身份的时候得出的结论，在她看来，画中女子有可能是15世纪米兰公爵卢多维科·斯福尔扎的女儿比安卡·焦万娜·斯福尔扎。但是与此不同的一种说法是，这名女子实际上是意大利佛罗伦萨一名商人的妻子莉萨·焦孔多。当时博比奥在卢多维科治下，那里的图书馆吸引了许多艺术家及科学家，达·芬奇很有可能去过那。

达·芬奇这一时期深受人文主义思想的影响，所以他在绘画中非常注重体现人物的内心情感，摒弃了以往的侧面半身或截至胸部的画法，而是采用了正面胸像的构图法，使整张图呈现了一个金字塔的

形状，这样蒙娜丽莎就显得格外的端庄大方。达·芬奇还将她的手突出出来，使它丰满、柔嫩，足以显示出她的身份，这需要精湛的绘画技艺和细致敏锐的观察力。细心的观者会发现，蒙娜丽莎似乎没有眉毛，人们也一直在猜测达·芬奇这样做的良苦用心，但是最近的一项研究发现，在蒙娜丽莎的左眼眉位置有一个眉毛的油墨迹，毕竟这幅画已经有几百年的历史，时间总会在它的身上留下印记。一幅神秘的画，一个博学的人，达·芬奇留给后人的太多太多了。文艺复兴时期，他传播人文主义思想，而现在，他留给后人的是视觉上的饕餮盛宴，神秘的《蒙娜丽莎》就是他留给后人的礼物，而他在科学、建筑、雕刻方面取得的成就也是后人望尘莫及的。

《蒙娜丽莎》

文艺复兴巨匠——米开朗琪罗

米开朗琪罗，全名为米开朗琪罗·迪·洛多维科，文艺复兴时期著名的雕塑家、建筑师、画家和诗人，“文艺复兴三杰”之一。他

米开朗琪罗像

笔下的人物以“健美”著称，即使是柔弱的女性在他笔下也是肌肉健壮。也许是艺术家的缘故，米开朗琪罗脾气十分暴躁，即使是他的赞助人，他也会毫不客气地顶撞，但他有自己的艺术追求，一生追求完美，有自己独特的艺术风格，可以说，他的风格影响了其后的艺术家。米开朗琪罗出生在意大利卡森蒂诺的卡普雷赛，父亲是一名法官，母亲在他6岁的时候去世。由于无人照管，父亲便将他送到一个石匠家，他在那里生活了几年。13岁的时候，他开始跟随多梅尼科·吉兰达约学习绘画，惊人的绘画天赋使得他得心应手，如鱼得水，可惜老师妒忌他的才能，学了一年多之后，他实在忍受不了，便转入一所雕塑学校学习，因为宗教信仰的冲突，他又毅然决然地离开了那里。之后，他到威尼斯、罗马等名城游学，雕塑水平有了大幅度提高。1505年，枢机主教嫉妒他的才能，唆使教皇让其绘画西斯廷教堂的天顶。此后几年，他几乎成为历任教皇的御用雕刻家，尽管他并不喜欢这一职务，但也没有办法违抗命令。1527年，意大利爆发了一场革命，米开朗琪罗被卷入其中并险些丧命。革命结束后，教皇依然再次起用他，米开朗琪罗只好又为自己不喜欢的人工作。当教皇驾崩，他以为自己终于解放了，但没想到当他回到罗马后，又被保罗三世“请”去，这似乎就是他的命

运——无休止地为别人干活。

米开朗琪罗《末日的审判》

1564年2月12日，年事已高的米开朗琪罗还是站了一整天创作《哀悼基督》，14日他便开始身体不适，发起了高烧，18日下午5时，这位杰出的雕塑家兼画家与世长辞。

在佛罗伦萨期间，米开朗琪罗因为在洛伦佐开设的雕刻学校表现突出，被允许可以自由出入府邸。在府邸，学者们齐聚一堂，创立了“柏拉图学院”,这一学院的核心就是要将人作为世界的中心，将世界归还给人，将人归还给自己。学院提倡人有学习艺术、文化、科学的自由，同时，还应该有独立的思想。人应该从封建教条的束缚中解放出来。宗教改革家、修道士萨伏纳罗拉经常在洛伦佐的府邸进行演讲，抨击教会的黑暗，米开朗琪罗经常去旁听，他为这位为了拯救人类命运而不怕宗教法庭审判的修道士所折服，人文主义思想在他的身上生根发芽。洛伦佐去世之后，佛罗伦萨又重新陷入了混乱的境地，米开朗琪罗失去了保护伞，很快离开了这个是非之地，辗转来到了威尼斯和罗马等地。米开朗琪罗来到罗马之后就像进入了雕塑的天堂，罗马到处林立的古代雕像，使他有了一次次的视觉盛宴。法国红衣主教委托年轻的米开朗琪罗为圣彼得教堂制作一座雕像。米开朗琪

罗根据当时的一位英雄制作了雕塑《哀悼基督》，这座雕塑使米开朗琪罗名扬罗马。3年后，米开朗琪罗重新回到佛罗伦萨，开始了耗时三年的《大卫》的创作，完成之后其放在韦吉奥宫正门前，而大卫也一直被佛罗伦萨人视为城市的守护者和民主政府的象征。1505年，教皇朱理二世邀请米开朗琪罗在圣彼得大教堂内建造陵墓，米开朗琪罗在陵墓留下了《摩西》和《奴隶》等雕像。米开朗琪罗的雕塑天赋受到了教皇艺术总监勃拉曼特的妒忌，他唆使教皇暂停陵墓修建，并强烈要求教皇由米开朗琪罗完成西斯廷教堂天顶壁画。米开朗琪罗凭借自己非凡的艺术才能创造了另一个奇迹——世界上最大的壁画《创世纪》。当41岁的米开朗琪罗重新回到佛罗伦萨，教皇利奥十世又强迫米开朗琪罗为洛伦佐陵墓制作雕像，后来陵墓的石棺上安放着著名的《昼》《夜》《晨》《暮》四座雕像。在米开朗琪罗61岁的时候又被教皇召回罗马，在教堂祭坛的壁面上绘制《末日的审判》。

米开朗琪罗在继承古人的艺术精髓的同时，还致力于人体解剖，研究人体结构，他把对人体的认识运用到自己的雕塑创作中，这就使得像《创造亚当》这样的作品能够充分发挥人体表现力。米开朗琪罗的风格与达·芬奇等人截然不同，达·芬奇的创作以深邃、智慧见长，而米开朗琪罗却致力于表现人体的雄伟健壮之美，他的作品大多具有雄浑的力量和气势。米开朗琪罗有着艺术家的傲骨，有着一颗赤诚的爱国之心。他热爱自己的国家、民族、同胞，他虔诚地信仰上帝，也正是因为他的信仰，即使对家人无理的要求，如挥霍钱财，他

也选择了原谅；面对弟弟的忘恩负义，他还是能够原谅；对教廷的腐朽堕落，他无能为力，出于对艺术炽热的爱，他无可奈何，只能为自己不喜欢的人工作，凡此种种都使他无法成为有影响力的改革者，但这一切又不能妨碍他成为一个爱国者。1494年，法军入侵意大利，美第奇家族投降，萨伏那罗拉号召人们团结起来，恢复佛罗伦萨共和国，虽然萨伏那罗拉胜利了，但他却以藐视教皇的罪名最终被判了死刑。米开朗琪罗支持人民起义，并且十分尊敬萨伏那罗拉，但他却在起义时选择逃离了佛罗伦萨，当萨伏那罗拉被宣判死刑时，他却选择了沉默，很多人觉得米开朗琪罗是一个懦夫，但当《哀悼基督》问世之后，人们才明白他的良苦用心。圣母抱着已经死去的耶稣，神情十分痛苦。耶稣为了世人的过错而献出了自己的肉身，被钉死在十字架上，最悲痛的当然是他的母亲。而萨伏那罗拉就像耶稣一样为了匡正时弊献出了自己的生命，但最终还是抵制不过腐败。米开朗琪罗用艺术来表现自己的悲痛，寄托了对萨伏那罗拉的哀思。最能代表米开朗琪罗成就的当属《大卫》，它被视为世界美术史

米开朗琪罗创作的《摩西》

上不可多得的作品，完全可以代表文艺复兴兴盛期的艺术特点。米开朗琪罗生活的时代正值意大利动荡的年代，颠沛流离的生活使他对所生活的时代产生了怀疑。痛苦、失望，使得他在艺术创作中倾注了自己太多的思想，同时，他也在寻找着自己的理想，并创造了一系列如巨人般体格雄伟、坚强勇猛的英雄形象。《大卫》就是他这种思想最杰出的代表。“大卫”的意思是“被爱的”，雕像高2.2米，连同底座高5.5米。大卫在《圣经》中是一个少年英雄，为了保卫祖国和人民，他杀死入侵的非利士巨人歌利亚。米开朗琪罗雕刻的大卫不再是前人塑造的将敌人的头颅踩在脚下的大卫，而是表现了他勇敢地接受挑战的情景。从雕塑中可以看出大卫体格健硕，左手抓住了投石机，右手自然垂下，面容十分英俊，凝望着远处的地平线，似乎在搜寻着敌人的踪迹，时刻准备投入战争。大卫体格健美、神态坚强，在米开朗琪罗看来这就是完美男子的代表。从大卫的眼中可以读出他的坚毅，全神贯注的表情似乎昭示着他的体内正积聚着巨大的能量，蓄势待发。米开朗琪罗塑造的大卫处于战争之前、正聚集能量之时，这与之前的艺术家所塑造的战争后的场景有着天壤之别，这使得作品更加具有感染力。乍一看，大卫像是在休息，但从他的眼睛和紧绷的肌肉可以清楚地看出紧张的情绪，这就使作品有了一种“静中有动”的美感。米开朗琪罗用一整块被人废弃的云石来雕刻大卫，他故意将大卫的整个头部和胳膊放大，使本来就挺拔的大卫有巨人的感觉。

这尊雕像可以说是西方美术史上最具代表性的男性人体雕像之一。不仅如此，《大卫》还颂扬了人体之美，彰显了人文主义思想。从表面上看这是对古希腊文化的“复兴”，但它蕴涵了作者对于个体的人的力量的充分认识和他希望人们从宗教的桎梏中解放出来的思想。米开朗琪罗在雕刻的时候注入了巨大的热情，他所塑造的不仅仅是一座雕像，更表达出了人们对自身解放的要求。作为文艺复兴时期雕塑的最高代表，《大卫》将在世界艺术史上绽放着永远的光辉。

《大卫》

1505年，米开朗琪罗受教皇朱力阿斯二世之托为其建造陵寝，为了开采建筑用的石头，米开朗琪罗花了半年多时间，甚至负债累累。没想到他的对手却对教皇说了一些诋毁他的话，说生前为自己建造陵墓是不祥的，因此要求米开朗琪罗停止工程建设，米开朗琪罗不但没有拿到工程款项，还不被允许进入宫廷，伤心之余米开朗琪罗想要离开这里，但却遭到了教皇的武力挽留。与此同时，米开朗琪罗的对手并没有放弃迫害他，别有用心地让米开朗琪罗独立完成西斯廷大教堂天顶画。这一时期米开朗琪罗非常抑郁，他费尽千辛万苦从一个雕刻匠人成为一个著名的雕刻艺术家，却没有遇

到一个伯乐，反而因为教皇的优柔寡断差点葬送自己的前程。他绘制壁画时，不仅遭受了疾病和劳累的折磨，还受到了家人的骚扰，他的父亲和弟弟贪婪地压榨他，但他还是选择了忍气吞声，不愿与家人闹僵。他用了4年的时间画成了《创世纪》这一鸿篇巨制，很难想象他是怎样完成这幅震惊世人的画作的，但他确实做到了，画中极具戏剧的张力，将人物栩栩如生地展现在世人面前，使人们惊叹造物主的神奇。整个天花板由9幅画组成，取材于圣经创世纪。米开朗琪罗并没有将这个任务仅仅看做是教皇分派给他的，他是用自己的生命和天赋来向上帝致敬。

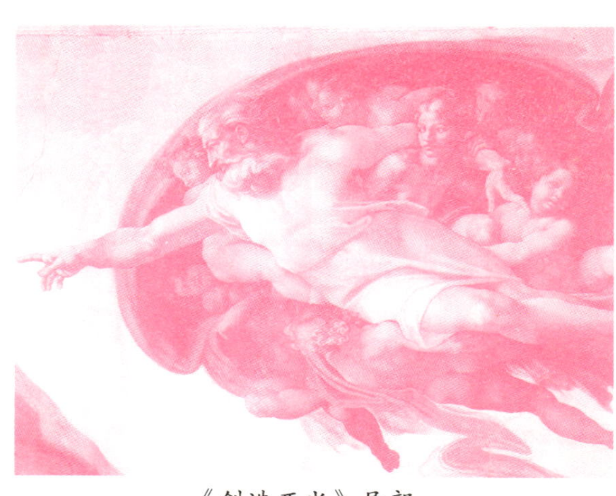
《创造亚当》局部

米开朗琪罗的建筑作品虽然不多，但与他的雕刻作品一样富有艺术感染力和创造力。佛罗伦萨的美第奇家庙、劳伦齐阿纳图书馆前厅、罗马的卡比多广场建筑群和圣彼得大教堂的圣坛部分和穹顶都是他的代表作。他设计的建筑物富有层次感、立体感，而且善于运用光影对比,风格就如他的雕塑作品一样充满张力和英雄主义精神。在建造过程中他喜欢将雕刻的元素加进来，使两者完美结合。美第奇家庙的建造由于种种原因并没有完

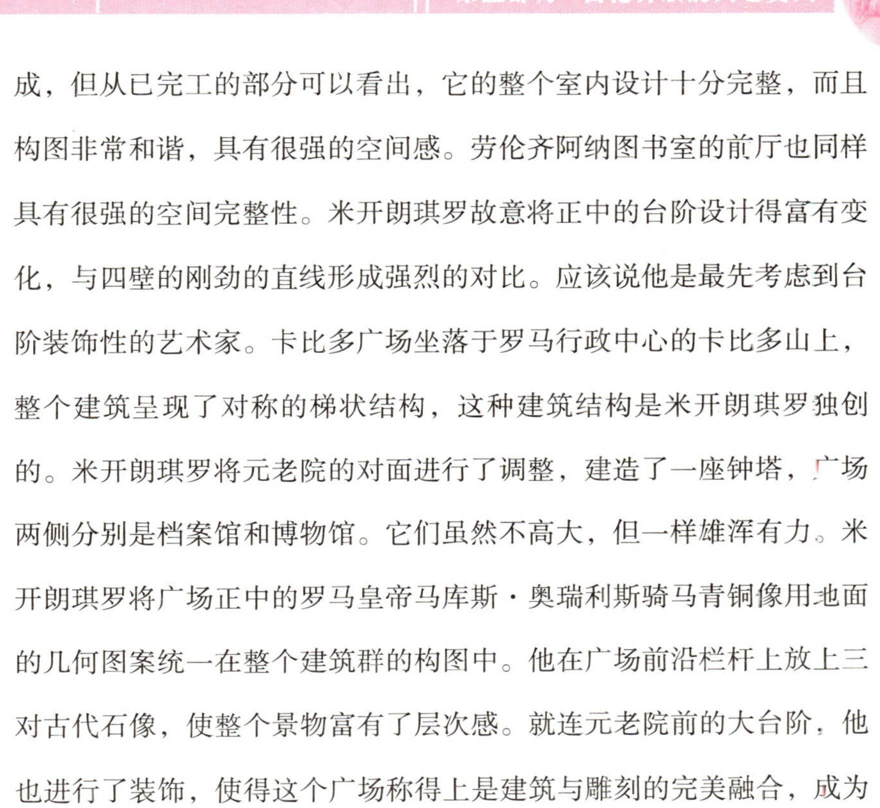

成，但从已完工的部分可以看出，它的整个室内设计十分完整，而且构图非常和谐，具有很强的空间感。劳伦齐阿纳图书室的前厅也同样具有很强的空间完整性。米开朗琪罗故意将正中的台阶设计得富有变化，与四壁的刚劲的直线形成强烈的对比。应该说他是最先考虑到台阶装饰性的艺术家。卡比多广场坐落于罗马行政中心的卡比多山上，整个建筑呈现了对称的梯状结构，这种建筑结构是米开朗琪罗独创的。米开朗琪罗将元老院的对面进行了调整，建造了一座钟塔，广场两侧分别是档案馆和博物馆。它们虽然不高大，但一样雄浑有力。米开朗琪罗将广场正中的罗马皇帝马库斯·奥瑞利斯骑马青铜像用地面的几何图案统一在整个建筑群的构图中。他在广场前沿栏杆上放上三对古代石像，使整个景物富有了层次感。就连元老院前的大台阶，他也进行了装饰，使得这个广场称得上是建筑与雕刻的完美融合，成为罗马最美的广场之一。建造圣彼得大教堂穹顶的鼓座时，米开朗琪罗不幸去世，但是他完成了这一穹顶的模型，之后的建筑师根据这一模型完成了穹顶的建造，而这一穹顶可以称为人类建筑史上最伟大的工程之一，它的直径有41.9米。1512年朱力阿斯二世谢世，米开朗琪罗又承建了他陵墓的建造任务，但是因为种种原因，陵墓最后只有摩西像和四个奴隶像。1534年，他受美第奇家族第二任教皇的委托为美第奇教堂雕刻，包括洛伦佐的雕刻和四座名为昼、夜、晨、昏的男女裸雕等。这些作品体现了他对家国命运的担忧，研究者甚至称之为“意大利的一面镜子”。其中《夜》最能表现这一情感，

为意大利贵族美第奇墓室所作的雕像《美第奇》与《昼》《夜》

主人公用右手支着头部，在左手的腋下有一个面具，惊愕的表情代表着噩梦，她虽然在沉睡，但是健硕的身体聚集着能量，似乎等待醒来，打破夜的黑暗。

这个时期的米开朗琪罗已经心力交瘁，家人也一个个离去，这使他对尘世又少了几分留恋，而唯一能慰藉这个孤独老人心灵的就只有友谊了。1535年，他认识了维多利亚，他们经常去教堂，在那里举办的聚会上聊天。他们有共同的兴趣，经常交流自己写的十四行诗。米开朗琪罗在完成西斯廷教堂的祭坛画《最后的审判》时描绘了当末日来临之时，人们在基督面前接受审判的情景，这似乎预示着他对自己一生遭遇的不公正待遇的控诉，他的一生像基督一样遭受苦难，但也像基督一样为世人带来安慰。

维多利亚过世之后，米开朗琪罗雕刻了三座哀悼基督的雕像，此举已不是出于对艺术的热爱，而是出于对基督的信仰。他的最后一座雕像《龙大尼尼的哀悼基督》已经不再像从前那样充满了对人体力量的赞美，完全是粗制滥造，轮廓十分粗糙，完全看不出是出自米开朗

西斯廷祭坛壁画《末日的审判》

琪罗之手。

米开朗琪罗的一生是坎坷的一生，充满了各种苦闷，但也正是这种坎坷的经历造就了他高超的艺术创作。庆幸的是，世事的坎坷并没有埋没这位伟大艺术家的才能，他用他的刻刀、画笔为世人塑造了一个又一个生动的艺术形象。透过他的作品，可以窥视文艺复兴的意大利，从而进一步了解那一时期意大利的社会、文化状况。他的作品不单单是艺术品，也是一本本教科书！

圣母的赞颂者——拉斐尔

拉斐尔，意大利著名画家，“文艺复兴三杰”之一。他是他们中年龄最小的。也许上帝嫉妒他的才能，在37岁的时候就带走了他。由于他的勤勉努力，给后人留下了300多幅不朽的画作。他博采众家之长，汲取他们的优点形成自己独特的艺术风格。他的作品符合大多数人的审美趣味，也成为后来古典主义者竞相追逐的典范，油画《西斯廷圣母》、壁画《雅典学院》都是他比较有名的代表作。除了天赋之外，拉斐尔深受父亲的影响，他的父亲是效力于宫廷的画师，拉斐尔从小跟随父亲作画，不幸的是，在他11岁的时候，父亲去世。为了学习绘画，他给一位画师当助手，后来他有幸接触了佛罗伦萨艺术家的作品，便开始从他们身上吸取经验，集众家之所长，慢慢地形成了自己明朗、典雅的艺术风格。21岁的时候，拉斐尔便开始在绘画界崭露头角。1504年，他绘制了油画《圣母的婚礼》，当这幅油画展览出来之时，众人不敢相信自己的眼睛，这简直是天才之作，将圣母玛利亚的端庄、优雅气质表现得淋漓尽致，真是无人

拉斐尔·圣齐奥肖像

能及。

16世纪初的佛罗伦萨人文主义气息已经相当浓厚，拉斐尔受共和政治、民主精神和人文主义思想的共同影响，开始学习达·芬奇和米开朗琪罗的画作，在摸索中逐渐形成了自己的风格，并迅速与他们齐名。拉斐尔的风格与米开朗琪罗完全不同，米开朗琪罗笔下的人物多是健硕、刚毅的，就连女性都透着男性气息，但拉斐尔笔下的人物，尤其是圣母，大多具有母性的温柔及青春健美，体现了浓厚的人文主义思想。他绘制的大型油画《西斯廷圣母》呈现出一种稳定的三角结构，这一结构分别由圣母和圣徒构成，显得庄重均衡，表现了母爱的伟大。此外，《椅中圣母》《阿尔巴圣母》也被人们津津乐道。

拉斐尔喜欢研究各画派大师的绘画特点，其中他最喜欢的就是达·芬奇的构图技巧和米开朗琪罗的人体表现方法，最终形成了自己极具古典美同时又清秀、圆润、柔和的艺术风格，成为继达·芬奇和米开朗琪罗之后的又一艺术巨匠，并与他们形成了三足鼎立之势。拉斐尔圣母形象的创作显示出了他非凡的艺术领悟力。在他创作的这些画作中，较为有名的是《圣母的婚礼》《草地上的圣母子》《带金莺的圣母》《花园中的圣母》《福利尼奥的圣母》《椅中圣母》《西斯廷圣母》《美丽的女园丁》《阿尔巴圣母》等。

拉斐尔最成功的作品就是那幅《西斯廷圣母》油画，这是他为圣母歌唱的一首赞歌。而在《椅中圣母》中，圣母的形象更加人性化，并且具有了异域风情。整幅画色彩绚丽，构图完整，充分体现了

《美丽的女园丁》

拉斐尔的绘画才艺。他最有名的壁画是为梵蒂冈绘制的《雅典学派》，这幅画作汇集了古希腊的50多个著名的哲学家和思想家，其中包括柏拉图、亚里士多德、毕达哥拉斯、苏格拉底等，歌颂了人们对于真理的追求及人类的创造力。在这幅画中，位居画面中心的是以手指指着上天的柏拉图和伸出右指指着前方的亚里士多德，在两人的两侧分别是一些著名学者，整幅画作构图紧凑，毫无凌乱之感。

在《圣母的婚礼》这幅画的创作中，拉斐尔在模仿老师的基础上融进了自己的独创，在构图和人物的分配上都有意模仿佩鲁基诺的《基督将天门的钥匙交给彼得》。除了具备老师优雅的风格外，他还加进了自己独特的柔美的风格。背景是一个多边

《草地上的圣母》

形的洗礼堂，运用大量的水平线、垂直线和半圆形曲线，使整幅画刚柔相济、简洁又富于变化，此外他还加进了透视法，造成空间的深邃感。在人物分配上讲究对称，代表神意志的主教主持了这场神圣的婚礼，玛利亚的诸多的求婚者每一个人都有一根棍棒，规定谁的棍棒顶端开出鲜花就是玛利亚的未婚夫，而约瑟的棒顶开出了美丽的鲜花，这就代表了这场婚礼是神授予的，而其他求婚者因为自己没有能够成为玛利亚的未婚夫而痛苦不堪。画中的人物不论男女都清秀俊美，而且细节处理都很到位，对人物的表情、衣服的褶皱都有细致的描绘。拉斐尔对这幅画也相当满意，这也是他第一次在画作上签上自己的名字。

《圣乔治与龙》是拉斐尔故乡的乌尔宾诺公爵委托他创作的，当时英国国王亨利七世授予了公爵“嘉德勋章”，为了答谢英王，他委托拉斐尔绘制一幅英王守护圣乔治的小型图画，并要求他表现出圣乔治杀死毒龙的场面，而这幅画没有让公爵失望，拉斐尔将圣乔治举刀欲砍毒龙的动作画得十分优雅，但是

《圣乔治与龙》

美中不足的是拉斐尔过多地关注了整幅画的造型，没有深入挖掘人物内心的精神，使整幅画缺乏表现力度。《雅典学派》将不同时期的学者汇集到一幅画中，他们来自于不同的时代、不同的民族，操着不同的语言，可谓是古今齐聚一堂。拉斐尔将这幅画画得十分宏大，位于画面中心的两大哲学家是柏拉图和亚里士多德，围在两人身旁的是50多位学者、名人，他们分别代表了七种学术：语法、修辞、逻辑、数学、几何、音乐、天文，他们进行着激烈的讨论，呈现出了一派百花齐放、百家争鸣的氛围。拉斐尔想要通过这幅画赞颂人类对智慧的追求及对古代文明的颂扬。柏拉图和亚里士多德在进行着激烈的讨论，一上一下的手势代表了他们不同的学术观点，而旁边的学者有的在侧耳倾听，有的跃跃欲试想要表达自己的观点。左面一组的中心是身着长袍、打着手势正阐述自己学术观点的苏格拉底，还有专心写作的大数学家毕达哥拉斯。其中最惹人注意的是中心台阶上躺着的一个半裸老人，他就是犬儒学派的代表、哲学家狄奥根尼。犬儒学派主张除了自然需要之外其他一切都无足轻重，所以狄奥根尼只穿了一件可以遮体的白袍，而在索多玛的背后露出半个头的就是拉斐尔，这说明他肯定了自己的同时也认为自己与这些先贤们还有一定的差距，所以只给自己画了半个头。这幅画以圣彼得大教堂为背景，采用对称画法和透视画法，使人物看起来像是从长长的走廊走出来，使整幅画显得高大深远。在这幅画中，拉斐尔还突出了台阶的作用，将人物错落有致地安放在台阶上，这样整幅画显得非常富有层次感的同时，又不会显得

很凌乱，而且直线型的廊柱与人物的神态遥相呼应，使整幅画柔中带刚，富有古典文化气息。

《椅中圣母》是拉斐尔圣母画中的又一代表作。在这幅画中，他特意突出了圣母的目光。眼睛是心灵的窗户，而透过这个窗户可以看到圣母纯洁的灵魂。据说这幅画的诞生还有一个故事，有一次拉斐尔从梵蒂冈出来，见到一位抱着婴孩的少女，这个少女长得非常像他的心上人菲娜丽娜，而最打动他的就是她那温柔的目光，这激发了他的创作灵感，可惜没带纸笔，他拾起身边的一块木炭，环顾四周，只有一个空桶，于是他将这个空桶反过来，在桶底画下了这神圣的一刻，这就是这幅作品创作的源由。拉斐尔在这幅画中运用了他十分擅长的曲线来塑造形象，人物的神态、衣着甚至衣服的褶皱都用长短不同的曲线表现出来，使整幅画显得丰满、圆润。而在色彩配置上，他仍按照基督教的习惯用红蓝两色作为主色调。在基督教中，红色代表着圣爱，蓝色象征着真理，所以大多数的宗教画都是用这两种颜色作为主色调的，《椅中圣母》也不例外。在这幅画

《椅中圣母》

中，圣母的斗篷是蓝色的，上衣为红色，她怀抱中的小耶稣的衣服是黄色的，这样红黄蓝的对比强化了整幅画的华贵，使色彩饱和、艳丽。

那个时代主张美是永恒不灭的，要追求艺术中的理想之美，所以很多人文主义画家笔下的美都具有现实性，是一种来源于生活的美。过去拉斐尔塑造的圣母形象都是美丽、完美无缺的，而《西斯廷圣母》在原来的基础上突出了圣母的救世主的形象，为了拯救世人，她甘愿牺牲自己的儿子。这幅画完全没有矫揉造作之感，给人以朴素的感觉。拉斐尔将整幅画当做了舞台，序幕缓缓拉开，圣母站在云端，徐徐飘来，西斯廷二世摘下桂冠虔诚地迎接圣母的到来，圣女渥瓦拉代表平民迎接圣母，她沉浸在自己的想象当中，转过头用母亲般仁爱的眼神望着圣母身边的小天使，似乎要与他们分享思想的秘密。如果追随小天使的目光，会发现其最终与圣母的目光交汇。圣母的庄重美丽令人动容，轻启的双唇似乎在祝福人间。

拉斐尔不仅擅长画圣母像，也喜欢画人物肖像，《巴尔达萨雷伯爵像》就是他为自己的挚友巴尔达萨雷伯爵所画。在这幅画中画家不仅将伯爵的体貌特征进行了细腻的刻画，同时也运用了色彩的微妙变化，更加深入地挖掘了人物自身的沉稳、善良、充满智慧的内在气质。他采用了正三角形的构图方法，使整幅画庄重、沉稳，与人物自身气质十分切合。

《披纱巾的少女》是拉斐尔为他的情人菲娜丽娜所画。在画中，

他不仅描绘了姑娘的多情善良，还运用了色彩语言，将菲娜丽娜的面孔和酥胸刻画得细致入微，华贵衣裙上的褶皱与朴素的披纱形成了鲜明的对比，将肉体的温柔与美丽衬托得淋漓尽致，银灰色的衣裙、白皙的皮肤给这幅画作增添了纯洁的旋律，失去了宗教的神秘意味，更具有了真实性。

《披纱巾的少女》

《教皇利奥十世与两位红衣主教》是教皇利奥十世即位之后，邀请拉斐尔为其所画。为颂扬他的事迹，他要求拉斐尔在他的梵蒂冈的办公室作画，这就使得拉斐尔分身乏术，不得不请助理来协助自己完成这幅壁画。这幅图的大部分都是他起草后由助手完成的，他只是略加修饰而已。由于教皇身份的特殊，所以他绘制了教皇的肖像。这幅画的主要人物是利奥教皇。教皇穿着猩红长袍坐在中央，两侧是两位红衣主教，他们的脸各有朝向，人物的受光范围也不一样，所以整幅画呈现出一种深邃之感。桌子上散放着书籍杂物，据说利奥教皇十分喜欢研究哲学，拉斐尔抓住了这一点，将利奥教皇思考哲学时的

《金翅雀圣母》

痛苦、疲惫的神态表现了出来。

拉斐尔不愧是“圣母的歌颂者”，他留世的画作中很大一部分是有关圣母的，《金翅雀圣母》是他圣母画作中的又一代表作。这幅画没有一丝宗教的意味，拉斐尔将耶稣和约翰画成了幼儿的形象，圣母就像凡间的母亲带着自己的两个孩子。在这幅画中，他采用了金字塔式的构图方法，这一方法他是仿效达·芬奇的，这样的画法使整个画面更具有稳定感。圣母的红色上衣与紫蓝色的披风同幼儿的皮肤相称，使整个画面更加稳定。拉斐尔对色彩的纯熟运用表明他的创作已经进入了成熟期，在这幅画中难以掩盖的是他对达·芬奇的模仿，也许是他太崇拜达·芬奇的缘故。1504年，拉斐尔来到佛罗伦萨之后，把主要精力投入到了圣母的创作当中，而这些圣母画也给他带来了巨大的荣誉，以至于他的圣母画作一经展出，就会出现万人空巷的场面，大家竞相观赏他的画作，流连忘返。他笔下的圣母带有意大利女性特有的魅力，并且充满着母爱，让观赏者如沐春风。当时的意大利人赞美一个女性都会说：

"就像拉斐尔笔下的圣母一样。"可见他的影响力。除了这些圣母之外，他还经常画一些圣女的形象，《圣切奇莉亚》中的切奇莉亚是一位基督教虔诚的信女，她抗拒家中为她安排的婚姻，在自己的家中建立了一个祈祷室，要保持自己终身的贞节，她的事迹被当地人传为圣迹，在她死后，教皇将她的遗物埋在了罗马特拉斯特弗的祭坛底下，以示对她的尊敬。拉斐尔根据这个故事绘制了一幅有寓意的作品，使整幅画蒙上了一层神秘色彩，虔诚的基督教信女，受到了神的启迪，聆听到了天堂的音乐，世间一切乐器所发出的声音都不能与之相比，于是乐器散落一地，拉斐尔用他的画笔向这位虔诚的信徒表达了最高的崇敬。

无论是圣母还是教皇，无论是伯爵还是主教，拉斐尔都能抓住他们的特点，用自己娴熟的画笔表现出来，而且使得每个人身上都具有自己不同的特点，观赏者可以从人物的衣着、神态上轻易地猜出画中人物的性格、职业。应该说拉斐尔是一个继往开来的画家，既吸取了前人的绘画特点，又有自己的一套独创的绘画技巧。他是当之无愧的"圣母的赞颂者"，将圣母温柔、慈祥的气质表现得淋漓尽致，而且这些圣母各自有着自己不同的特点。虽然拉斐尔的生命很短暂，但他用自己智慧的双手为后人留下了一座宝贵的艺术宝库。

第四章 意大利女性

画家笔下的女性

文艺复兴之前整个欧洲绘画中的女性大都冰冷而僵硬。在那时的画家看来，女性只是一个符号，是画中的点缀。基督教会推行禁欲主义，使得画家更不敢大胆表露自己的想法，女性流眼泪被看做是触犯上帝的行为，可想而知那时画家笔下的女性形象。文艺复兴时期，人文主义学者提出“自然的就是美的”观点，他们着力表现人的感性世界，鼓励人们享受欢乐，他们笔下的女性充满柔情。

作为文艺复兴的先驱，乔托·地·班多涅率先打破了中世纪的绘画传统，以仁慈、端庄的农妇形象取代了女性阴冷、没有人情味的形象。在《哀悼基督》中，圣母凝视着已经死去的基督，欲哭无泪，悲恸欲绝。这幅画着重刻画了圣母的面部表情，要是在中世纪这是绝对不被允许的，而在《圣母像》中，圣母健硕、朴实宛如一位农妇，天使、圣徒围绕在她的身边，她的眼中充满了仁爱，就像一位来自人间的母亲，完全没有宗教的神秘感。《逃亡埃及》中的圣母坚韧刚强，脸上充满了对自然的热爱。乔托笔下的圣母已经完全颠覆了中世纪塑造的如幽灵般的圣母形象，使她们更有人性化，也更加仁慈、善良。

马萨乔是意大利早期著名的画家、雕刻家，是文艺复兴时期现实主义画派的奠基人。他继承了乔托倡导的人文主义和现实主义思想，所以他笔下的人物没有宗教神秘感和禁欲主义色彩。他笔下的人物真实不做作，充满感情，具备高尚的人格。在《圣母与圣安娜》这幅画中，圣母不再是冰冷的、毫无人情味的，而是有着世俗的气质。在《逐出伊甸园》中他把夏娃被逐出乐园的悔恨、迷惘的表情淋漓尽致地表现了出来，真实而感人。

乔托壁画《哀悼基督》

著名画家夫拉·菲利浦·利比在马萨乔的写实主义的基础上形成了现实主义的风格，其《圣母子》《圣母加冠》等作品有着浓厚的世俗气息。他笔下的圣母并不是自己想象的，而是以现实中那些漂亮的女子作为参照，将圣母描绘得温柔、美丽。

文艺复兴盛期，达·芬奇笔下的圣母同样具有世俗性，在《持花圣母》中，他首次将圣母画成了微笑的女子，这完全打破了15世纪

以来的绘画传统。《岩间圣母》中的圣母是一位美丽的世俗女性的形象。拉斐尔是文艺复兴时期圣母创作的代表，他留存于世的大多数作品都与女性有关，而且他笔下的女性都端庄、高贵，甚至整个意大利认为长得像拉斐尔笔下圣母的女子就是美女，他的画作《花园中的圣母》《西斯庭圣母》中的女性都具有婉约、柔美的气质。他所描绘的圣母不仅仅是母性的代表，也是解救世人的女保护者的形象。米开朗琪罗笔下的女性糅合了希腊的古典美，很多女性都健壮、充满力量。

这一时期的女性除了温柔之外，还有一个趋势就是出现了裸女。佛罗伦萨著名的画家桑德罗·波提切利就是以绘画裸女出名的，被称为“异教世界的礼赞者”。他运用异教的画法，将绘画从宗教的附属品中解放出来。他的代表作有《春》《维纳斯的诞生》等，他比较擅长表现厚重衣料的褶皱及透过薄纱表现裸女的身体。波提切利终结

桑德罗·波提切利的作品《维纳斯的诞生》

了文艺复兴早期的艺术，使意大利的线描艺术达到了顶峰。《春》就像是他用画笔写下的优美的抒情诗。画中，维纳斯漫步在结满金色果实、遍地鲜花的密林中，安详地享受太阳的照耀，希腊美少女芙露娜受到她的召唤，与花神打闹着，而花神将鲜花撒向人间。基督教会中的圣女不再披着宗教神秘的面纱，而是像一个人间少女那样可爱调皮。在《华美的圣母》中，他将基督教禁止的题材搬到了画纸上，将圣母玛利亚刻画成一位端庄高雅的女性。与波提切利相似的还有乔尔乔内，他也是以画裸女为主，他的画风介于波提切利和米开朗琪罗之间，没有波提切利那样忧郁，笔下的人物也没有米开朗琪罗那样健硕，他笔下的女性乐观而又健美。与波提切利不同，他喜欢着重刻画女性的肉色之美，表现她们丰满的身体和艳丽的肉色。

《沉睡的维纳斯》中描绘了维纳斯丰满圆润的裸体，让她横卧于大自然，与自然浑然一体。这一时期，人文主义者肯定了裸体的画法，认为这是表现人体美的最高形式，而且裸体被视为一种风尚、一种对于美的崇拜。很多名媛都甘愿为画家们做裸体模特，甚至很多名人都掏钱请著名画家为自

《沉睡的维纳斯》

己的妻子或者是情人作画，并将这些画在聚会上展览或者自己珍藏。

总而言之，文艺复兴时期的女性不论是圣母还是裸女，其形象都展现了这个时代对美的追求，具有鲜明的时代性。这一时代女性的关键词是：圣洁、慈祥、妩媚、娇艳、健康、自信、刚强，但不论是哪个词，都充分表现了这一时代女性的特征，体现了这个时代女性的追求。

女性的社会地位

文艺复兴要求人的自我解放，这也包括女性的解放。但这场突如其来的“革命”真的让女性的社会地位彻底改善了吗？这似乎有些难。几千年的封建积习想要在短短的几十年中扭转过来似乎是很难的，女性仍然被视为男权社会的附庸，她们活着就是为丈夫、为家庭服务，但是值得庆幸的是，女性的地位并不是一成不变的，她们有了学习、工作的机会，以至于涌现出了一大批女政治家、女知识分子。

金维拉·本蒂沃廖肖像

婚姻对女性来说必不可少，它关系到家庭财产的继承和家族血脉的延续，而男性经常将这一权利把持在手中，在家庭方面是绝对的权威，妻子和子女不能忤逆他的意愿。即使在文艺复兴时期这一状况

也没有得到根本的改善，男性家长依然掌控着家庭的最终决策权。这种“家长制”由来已久，早在《罗马法》的条文中就规定父亲拥有家庭的绝对权威，子女不能违背父亲做出的决定，否则就是对法律的蔑视。这种权威到了文艺复兴时期依然没有得到彻底改变，不但妻子不能违背丈夫的意志，就是子女在婚姻上也要听从父亲的意见。父亲在为子女选择婚姻对象的时候一定会考虑到家族的利益，尤其是上层阶级，子女的婚姻成为他们维持自己财富和权力的工具。很多家族往往通过联姻的方式扩大自己的影响。在文艺复兴时期，女婴的出生很不受欢迎，但由于当时的社会传统，女子一般比男子结婚要早，这就使得拥有女子的家庭在婚姻上会提早受益，这在一定程度上改变了女性的地位。威尼斯贵族阶层表现得更为明显，城邦政治的实施权通常是与贵族的身份联系在一起的，所以贵族阶层为了保障自己的利益，往往会选择与同级别的或者是更高级别的贵族联姻。16世纪至17世纪，随着威尼斯的商业兴起，很多贵族的经济实力急剧下降，于是这些贵族为了能够维持自己原先的生活水平就让自己的儿子娶那些有钱的非贵族，但法律有明文规定，贵族女子不能与非贵族的男子联姻，这就使得那些到了年龄还没有嫁出去的女子只能去修道院度过自己的余生。如果女性抗婚的话，会招来嘲笑，连她们的母亲也不会体谅她们的苦衷。家长很少会遵循女儿的意愿，即使到了结婚那一步，女儿也没有发言权，往往是由女方的父母同新郎达成协议，而父母考虑的往往是怎样为自己的家族争取更大的利益，而不会过多地在乎女儿嫁过

去之后会不会幸福。由于基督教举行婚礼的时候会问新郎新娘愿不愿意接受这桩婚姻，有的新娘会在婚礼上直接说“No”，为了杜绝这种现象的发生，有的人会在婚礼之前体罚新娘，让其打消这种念头。可以说，女性在婚姻方面完全没有自主权。

在婚姻中还有一个重要的因素，那就是嫁妆。在意大利甚至整个地中海地区，女子出嫁都要陪送嫁妆，除了自己的家庭要准备的嫁妆之外，政府也会有相应的资金支持，比如佛罗伦萨的婚嫁基金。女方家长同新郎家庭缔结婚约时一项必不可少的项目就是嫁妆，包括嫁妆的项目、数量、如何支付等，女性在嫁妆方面也没有自主权，但她们的婚姻却与嫁妆有着紧密的联系。很多父亲为了保护男性在整个家族中的地位，通常会把家族财产划分到儿子的名下，也就是说女儿除了得到自己结婚时的嫁妆之外，完全没有财产的继承权。在很多地方，女儿能够向父亲要求的唯一的东西就是嫁妆。而且在那个年代，嫁妆是需要公证的，这就使得很多上层阶级在嫁女儿的时候陪送了丰厚的嫁妆，他们之所以这样做并不是为了让女儿嫁到夫家之后能够有更好的生活，而是怕家族会成为街头巷尾的谈资，使家族的声誉得到提高，显示家族的财力和威望，所以嫁妆的数量激增，有很多家庭因为支付不起高额的嫁妆，使女儿待字闺中，到最后只能将女儿送到修道院去，以至于修道院修女的数量激增。在那个年代婚姻的主要目的是生儿育女，所以子嗣的延续成了重中之重，家族的声誉与社会地位紧密相连，人们对于荣誉的崇尚已经到了一种无以复加的地步，而家族血脉的延续成为维持家族荣誉的利器，成了保护家族荣誉的主要途径。而生育子嗣的主要任务就落在了女性的身上，成为妇女的神圣职责，而且社会将女性的这一职责发扬光大。人们在为自己挑选新娘的时候，通常将她的生育能力及为人母的能力列在考虑范围之内，那些能够照料整个家族起居的女子更加被人赏识，而且生育子嗣的任务从结婚之后就开始，在育龄期的妇女几乎都处在生儿育女的循环当中，由于上层贵族有能力请奶娘照管初生儿，所以社会上层比下层阶级的生育率更高。这就使得生育成为妇女维持自己在家庭中地位的重要因素，而频繁的生育使她们的活动范围仅限于家庭。而且结婚之后的两性关系并没有得到多少改变，妻子的职责仍然是照顾孩子、料理家务，家庭的决策权仍然紧紧抓在丈夫的手中，而且很多时候丈夫在外面寻花问柳，妻子是不能干涉的，但这些不忠的丈夫却希望妻子保持对自己的绝对忠诚，时刻保持自己的贞洁。

《岩间圣母》

虽然女性在家庭中的地位并没有得到实质的改变，但这一时期的女性也取得了自己的一些权利，比如说受教育的权利、参与

政治的权利，这在中世纪是无法想象的。知识女性开创了一个完全不同于中世纪的时代，她们用自己手中的笔表达自己的意愿、批判社会的不公。比如说女诗人维托里亚·科论娜曾写诗表达自己对宗教改革的同情，女画家索芬尼斯巴·安奎索曾教授西班牙女王绘画。但社会的大环境没有真正改变，她们在求知的道路上困难重重，往往实现不了自己的学术抱负。英国女王伊丽莎白一世是文艺复兴时期著名的女政治家，25岁就登上了王位，用自己超凡的智慧平息了国内的战乱，并且对外扩张，建立了强大的海军，消灭了西班牙的无敌舰队。

邦曼图亚的伊莎贝拉也是一位杰出的女政治家，她冷静圆滑，处变不惊，从小接受人文主义的熏陶，结婚之后帮助丈夫处理事务。这一时期的女性也开始关注自己的社会地位，近代第一位女性主义者克里斯蒂娜·德·皮桑就是这方面的代表，她在自己发表的《妇女城》和《淑女的三个美德》的作品中提出了“妇女城”的观点，构想了一个完美的社会，一个完全由女性来统治的社会。她还深入挖掘女性的美德，认为女性的美德来源于自身，女性应通过自我完善和提高，使自己的内在素养同社会地位相匹配。可以说她的思想是文艺复兴时期女性主义的最高代表。

虽然这一时期女性的地位没有得到真正的改变，依旧是男权社会的附庸，但这一时期给女性社会地位的提高提供了一个契机，女性开始关注自己在家庭、社会中的地位，为女性的进一步解放开了一个好头。

一位独特的修女

意大利的修道院有很多修女，其中有一位修女在当时造成了很大的轰动，因为她公然违背了伦理道德。那个年代男性之间有同性恋的倾向，女性之间当然也会有，而她就是其中的代表，因此被称为“不贞的修女”，虽然她所从事的职业不允许她这样做，不过神的意志最终还是没能抵过人的情感。

这个修女名叫贝内代塔·卡莉妮，她出生于亚平宁山脉一个小村庄，父母都是朴实的农民。她出生的时候母亲难产，产婆告诉父亲，母女都有危险，父亲听了这个消息后跪在地上请求上帝能够保佑母女平安，也许上帝听到了他的祷告，不但女儿顺利出生，而且母女平安，因此父亲为她取名为卡莉妮，为“接受赐福”之意，他向上帝保证女儿长大之后便将她送到修道院，终身侍奉上帝。也就是说这个可怜的女孩一出生就被安排好了一生的命运。这在那个时代并不稀奇，那时修道院常常成为逃避婚姻的场所。卡莉妮的童年是在父亲的宠爱下度过的，虽然他们只是在一个小村庄里，但他们家在村庄里是数一数二的，而且父亲十分宠爱她。她的舅舅是他们教区的神父，在那个年代神父算是社会上有头有脸的人物，所以他们家在当地享有很高的声誉。她的家庭可以称得上是一个民主家庭，父亲并没有因为自己的地位而看轻她的母亲，反而十分尊重她的母亲，当他做出决定要把卡莉妮送到修道院之后，曾征询他妻子的意见，在征得妻子的同意之后，他

就让妻子亲自喂养孩子，因为他认为奶娘喂养出来的孩子没有母亲亲自带出来的优秀。

卡莉妮到了该接受教育的时候，父亲出于对她未来职业的考虑，让她每天诵读《玫瑰经》和祷文，在那个年代这样做已经相当地超前了，因为按照当时的社会习惯，无论是男孩还是女孩，都要先从他们的母亲那里接受最初的教育，等到了入学的年龄，男孩要进入文法学校跟随男老师学习，而女孩只有跟随自己的母亲继续学习。卡莉妮的

《圣母加冠》

父亲就让她接受了完全不同的教育方式，这主要也和她父亲的宗教信仰有关，她的父亲是一个虔诚的基督教徒，甚至在他的遗嘱中都规定他与妻子死后要将房子改成一座小的礼拜堂。而母亲却没有像父亲那样尽职尽责，也许是因为感觉到培养卡莉妮的责任太大，她不想承担这个责任，她告诉卡莉妮，要将圣母玛利亚作为她的母亲。卡莉妮一

直认为自己有超过凡人的能力，这源于她小时候遇到的一件事情。一天，卡莉妮独自在外面玩耍，一只黑狗突然出现，要将她叼走，于是她拼命挣扎，母亲听到了她的求救声，赶着过来救她，但是那条黑狗突然不见了，母亲因此说这是恶魔派来害她的，要她以后加倍小心。而那只夜莺则是美丽的代表，是她的守护神。当她在自家廊下唱《圣母颂》的时候，她发现夜莺在模仿她歌唱，调皮的卡莉妮让它停下，它就停止了歌唱，让它开始，它就开始歌唱，于是她认为这是圣母派来的使者，是保护她的。但是美好的日子并没有一直延续下去，9岁的时候，父亲便履行他的诺言将卡莉妮送到了镇子上专门献身于上帝的一个妇女团体中，当她离开的时候，夜莺又出现了，并一路歌唱着伴随她，卡莉妮对夜莺说自己要离开了，不能再陪伴它了，夜莺听了这话就飞往天空，从此村庄里的人再也没有听到这只夜莺的歌唱。

但修道院不是随随便便就可以进的。当时社会正进行着激烈的变革，当然也包括修道院。大量的人员涌入使修道院人满为患，一些比较古老、有着悠久历史的修道院只有那些有钱或者是有名望的家庭的子女才可以进入，平民的子女只能进入那些新建的修道院，即使是这样的修道院也不是好进的，必须在财力上给予修道院支持。社会的等级观念已经渗透到修道院里，只有那些祖辈都生活在镇上的人们才有机会将子女送进来。当时卡莉妮的父母为她选了新建的泰亚庭修道院，进入这样的修道院不仅需要社会地位，还需要金钱，但她的父亲最终还是如愿将她送进了这里。这个修道院是新建的，不像别的修道

院那样混乱，因为在建立之初就想把它建成全封闭的。1620年，教皇保罗五世下令将这个修道院建成全封闭的、团体的“圣母会”，委任卡莉妮为院长，此时卡莉妮已经30岁了，但在当时看来这有点令人难以置信，因为教会规定40岁以上的修女才有资格成为院长，但卡莉妮曾经帮助修道院从众多的修道院中幸存了下来，这一功劳使她理所当然地成了修道院的院长。

她之所以能够在宗教史上引起如此大的轰动，完全是因为自己导演的一出出闹剧。小时候遇到的事情让她认为自己有超自然的能力，进入修道院之后她经常和其他修女讲述自己晚上梦到的梦境，而她的大部分的梦境都和基督有关。即使是白天她也能产生幻觉，走在修道院的小路上，她认为自己是走在一条铺满鲜花的大路上，充满了歌声，小天使围绕在她身边。有一次，她和其他修女说自己前一天晚上梦到被几只怪兽追赶，但在那个紧急的时刻，一个英俊的男子出现了，将她从困境中解救出来，而这个男子就是基督，而且基督保证会一直保护她。一开始这些修女们都半信半疑，认为她是痴人说

《教皇利奥十世与两位红衣主教》

梦，但是之后发生的一些事情让她们慢慢地相信了她。她的身上经常会无缘无故多出一些伤痕，没有结痂，只是一道道浅浅的红痕。她对其他人说这是晚上基督召见她时被他身后发射出来的光芒刺伤的，她几乎每天都要接受圣迹。于是修道院就晚上派人去观察，结果发现她在梦中喃喃自语，而且身上真的多出一些红色的痕迹，对于这一现象修道院的人无法解释。有一天她突然说自己的心被耶稣取走了，修道院的人当然深表怀疑，于是就去摸她的心脏，一摸真的好像已经完全没有了心跳。晚上的时候修道院的人来到了她的房间，因为她说晚上耶稣要将自己的心与她的心交换，交换的过程其他人看不见，但她却当着众人的面将自己的上衣脱下。后来她描述，这是在接受耶稣的心，这颗心要比她的大，而且上面插了三支金箭，并以一根红丝带绑着，表明爱的忠贞。有一天她突然说耶稣要与她举行婚礼，而且基督已经借她的手将婚礼的布置写了下来，还要求3名修女站在她旁边，而修道院真的按她的要求，也可以说是按基督的要求来布置了婚礼，于是卡莉妮挑选了3名修女见证自己怎样与基督结婚，而且这3名修女最后也证实了婚礼的场面：她独自在树林中喃喃自语，但可以让人听得清，最后她的手上多了一个金黄的戒指，她说这是圣母亲自给她戴上的。修道院并没有过多地追究这些话的真伪，因为她们知道这意味着什么，她们对外宣称卡莉妮是一位“圣女”，她能够与基督接触，聆听基督的教诲，于是修道院的名声慢慢地扩大起来，但这却引起了教会的注意，因为教会害怕一旦卡莉妮真的如她自己宣扬的那样，说

不定会招来祸端，于是教会对卡莉妮进行了两次审查，第一次并没有取得多大的成效，因为卡莉妮告诉他们一旦进行这样无休止的审查的话，基督就会用瘟疫来惩罚他们，不知是凑巧还是因为其他原因，不久真的爆发了一场大的瘟疫，教会的审查者心有余悸地放弃了这次审查。但这个修道院的迅速发展引来了其他修道院的嫉妒，于是他们集体怂恿教会进行第二次审查，而这次审查中不仅揭露了事情的真相而且还发现了一个惊人的秘密。对于她身上的伤口，很多修女说她们曾经从她书房的一个洞里偷看她的动静，发现她经常用一根针将自己的伤口弄出血，假装是基督召见她的时候被灼伤的。而那场婚礼也有人指出是假的，因为人们从她书房的桌子上发现了金色的染料，她用这些染料将戒指涂成了金黄色，并用自己的血将宝石染成红色，而更为惊人的是由她的特别陪伴巴尔托里维亚揭露出来的秘密，她称卡莉妮强迫她参与了不轨的行为，她受到了伤害才下决心将这件事讲出来，她称在陪护卡莉妮没多久，卡莉妮就强行将她摁倒在床上，像男人一样将她压倒并亲吻她，而且她说这一情况已经持续了将近两年，这在审查者看来是难以置信的。对于这样的事情教会不会听之任之，于是他们决定对她做出惩罚——将她单独囚禁了35年，直至她去世。

当人们得知卡莉妮去世的消息的时候都感到万分惊讶，纷纷涌到修道院门口，以至于修道院不得不将大门插起来再将她埋葬。修道院给她戴上了黑色的头巾，穿上了修女的衣服，并举行了葬礼，这也算是给了她最后的尊重吧。

第四部分

文艺复兴消失时期的意大利

文艺复兴慢慢接近尾声，此时的艺术家很难达到之前艺术家的高度，达·芬奇、拉斐尔、但丁、彼特拉克等人都是后人难以逾越的高峰，但这并不是说后期的艺术家一无是处，这一时期也涌现出了一大批优秀的艺术家，如威尼斯画派的著名建筑家帕拉第奥。

《根特祭坛画》

第一章 文艺复兴走向结束

接近尾声的文艺复兴

文艺复兴慢慢接近尾声，此时的艺术家很难达到之前艺术家的高度，达·芬奇、拉斐尔、但丁、彼特拉克等人都是后人难以逾越的高峰，但这并不是说后期的艺术家一无是处，这一时期也涌现出了一大批优秀的艺术家，如威尼斯画派的著名建筑家帕拉第奥。

拉斐尔的逝世对文艺复兴来说是一个不小的损失，标志着意大利文艺复兴美术盛期的戛然而止，但是之后一场新的美术运动又轰轰烈烈地开展了。对意大利人来说，达·芬奇和拉斐尔是完美的化身，很多年轻画家都争相模仿他们的画作，可惜，他们只是学到了一些皮毛，并没有真正领悟到两位大师的真谛。当然人们并不是一味地模仿，而是在其模仿的过程中加进了自己的一些特色，形式和构图都有创新。总的来说他们抛弃了那种崇尚自然、单纯、和谐的美，追求一种强烈的视觉效果，具有浓厚的主观主义色彩，这一艺术现象被称作样式主义美术，也被叫做风格主义或者是矫饰主义美术。它发生在文

庞多尔莫的《基督下十字架》

艺复兴盛期之后，巴洛克时代之前，发源地为佛罗伦萨，以庞多尔莫和罗素为代表。

庞多尔莫原名雅各布·卡鲁西。1512年，他进入萨托的画坊学画，形成了自己鲜明的风格，其最著名的作品是《基督下十字架》。在这幅画中，观赏者肯定会为塞满画布的人弄得眼花缭乱，这些人平铺在整个画布中。整幅画色彩淡雅，极具线条感，但却缺乏厚重感，人物就像棉花一样飘在空中，缺乏应有的体积感和重量感，使人物像剪纸一样单薄。基督的姿势可以从米开朗琪罗《哀悼基督》中找到些许印记，但却缺少了米开朗琪罗的那种艺术感染力。圣母和其他人都显得紧张和不安，使整幅画有一种梦幻般的感觉，一种似真而幻的感觉。尽管画工上乘，但却没有盛期那种自然从容的感觉，容易使人产生距离感。而他的朋友罗素也创作过一幅《基督下十字架》作品，虽然题材相同，但却有着不同的风格。在这幅画中，罗素运用了几何图形的对比，十字架、梯子，就连人物都有棱有角，人物僵立在画中，就像中了魔法一样，使人产生一种惊恐

不安的情绪。这幅画全然没有了盛期的那种自然、明朗的画法。除了在意大利创作，罗素也会跑到欧洲其他国家寻找灵感。法国国王法朗梭瓦一世曾邀请他去法国，他便将样式主义带到了法国，深深地影响了法国的美术界。

除了佛罗伦萨，其他的一些城市也涌现出了一批样式主义画家，比如意大利北部的帕尔玛城就出现了比较有名的样式主义画家柯勒乔的弟子佛兰切斯柯、马佐拉等人。马佐拉最著名的画作是《长颈圣母》，在这幅画中观者完全看不到拉斐尔笔下圣母那种理想的色彩，他将人物整个拉长，然后放在了被扭曲的环境当中，圣母因此带着几分妖娆和妩媚，像是神话中的维纳斯，这幅画可以称得上是样式主义的最佳典范。而在罗马，拉斐尔的大弟子和助手罗马诺并没有继承他的衣钵，而是受到了米开朗琪罗的影响，追求出人意料的戏剧效果。由于帮别人绘制色情画，他由罗马逃到了曼图亚。在那里，他绘制了茶宫的装饰画，

《长颈圣母》

在这幅画中，他主要追求的是奇异的效果，他喜欢那种怪异的趣味，完全失去了他老师拉斐尔的那种清新自然的风格。

样式主义全盛时期的主要代表画家有布隆基诺。他在庞多尔莫的指导下形成了感情冷漠、色彩绚丽的画法。《托莱多的埃莱诺拉及其子乔凡尼·德·美第奇》是他为西班牙驻那不勒斯总督的女儿、科西莫大公的夫人所画的肖像。这幅作品以暗蓝色为背景来衬托人物衣着的绚丽。布隆基诺刻画人物非常精细，将贵妇人那种冷峻的气质展现得一览无余。《维纳斯、丘比特、愚蠢和时间》这幅作品同样具有这样的气质，整幅画精致、冷漠而又不失优雅，裸体的丘比特拥抱着裸体的母亲使整幅画看起来稍微有点色情。法国君主法朗梭瓦一世除了邀请罗素外，还邀请过佛罗伦萨著名金银雕刻家切利尼。切利尼是金银雕刻界的代表，他为国王雕刻的《盐缸》这幅作品将他精湛的金银制作技艺发挥得淋漓尽致，再配以优雅的趣味，使人物充满了静止的动态。

雕塑家姜布罗涅虽然不是意大利人，但他的活动主要在罗马和佛罗伦萨，他最著名的代表作是青铜雕像《阿波罗》，一波三折的优美曲线将阿波罗刻画成一个柔美、纤巧、女人味十足的形象。他的大型雕塑《抢夺萨平妇女》运用了螺旋上升的构图方法，使观者从每个角度都能感受到视觉冲击。

样式主义除在美术界盛行之外，还慢慢影响到了建筑界，其主要代表人物有帕拉第奥。他主要在自己的家乡维琴察市进行创造，给这

座城市留下了许多优美的建筑物，其中最出名的是圆厅别墅。他将古罗马神殿的建筑风格运用到这座建筑上，中部是一个突起的弯隆，由柱廊支撑，使整座建筑呈现对称之美，充满了庄重典雅的气质，同时又不乏灵动之美。帕拉第奥深受人文主义思想的影响，他认为古代建筑才是真正的艺术品，坚持将理性主义精神同普遍原则结合，还十分关注理论方面的建设。他于1570年发表了《论建筑》这部著作，给后人留下了宝贵的资料。

《抢夺萨平妇女》

意大利文艺复兴的重镇除了佛罗伦萨外，还有威尼斯、热那亚等城市，这些城市在绘画、建筑、文学方面取得了不小的成就。文艺复兴后期涌现了一个以威尼斯命名的画派——威尼斯画派。他们汲取了文艺复兴盛期著名画家的风格，形成了清新明快的绘画风格，大胆运用色彩，扩大背景在画作中的比例。它的出现并不是偶然的，而是与当时威尼斯的社会环境有很大的关系。威尼斯同佛罗伦萨一样有着便

利的海陆位置，与东方各国进行着频繁的商业往来，商业的繁荣促使威尼斯的艺术得到了高度的发展。新大陆发现后，它几乎控制着整个地中海。在意大利众多城邦中，威尼斯可以算得上是一个幸运儿，商业高速发展，没有遭受大的战乱。16世纪意大利各城邦逐渐衰落，但威尼斯仍与其他各国保持着频繁的商业往来，而且教会对它的控制也不像对其他城邦那样严格。就在此时期，威尼斯慢慢形成了人文主义思想。人文主义思想一旦形成，便促进了整个威尼斯艺术的发展。从15世纪中叶起，威尼斯的许多宗教慢慢带上了世俗色彩，充满着轻快、激情、欢乐的调子，很多画家笔下的圣母和天使都以上层的贵妇为原型，因此具有了华丽而又自然的风格，这种画风慢慢发展就形成了威尼斯画派。这一画派比较出名的人物有凡尼·贝利尼、提香、乔尔乔内、丁托莱托等人。当时除了威尼斯画派之外，还有其他画

《圣母升天》

派，如锡耶纳画派、安勃利亚画派和佩鲁贾画派，但威尼斯画派的贡献是无可替代的。15世纪末16世纪初，意大利其他城市如罗马、佛罗伦萨处于危难之中，而它们又是文艺复兴的重镇，所以文艺复兴的重担自然而然地落在了威尼斯的肩上，当时威尼斯还是一片祥和，人们丝毫没有感到意大利其他城市正在遭受的磨难，依旧一派歌舞升平的景象，人们饮酒、狂欢、享乐，而这一切都为威尼斯画派的形成提供了良好的环境。在威尼斯画派画家的眼中，只有这种欢乐、充满激情的环境才有利于他们创作，才有利于形成清新明快、色彩艳丽的艺术风格，所以从威尼斯画派的画作中可以看出当时威尼斯社会的基本状况，这两者是相辅相成的。

提香，威尼斯画派最著名的代表人物。他早年跟随乔凡尼·贝里尼学画，也深受乔尔乔内的影响，他继承和发展了威尼斯画派的绘画技艺，并且在油画的色彩、造型方面都有大胆的创新和改进。由于深受人文主义的影响，所以在他的画作中也表现了一些新兴资产阶级的道德观念，比如在《纳税银》和《圣母升天》中。在《爱神节》《酒神与阿丽亚德尼公主》等神话题材的画作中则充满了旺盛的生命力。提香接受查理五世授予的贵族称号之后，创作了《西班牙拯救了宗教》和《菲力二世把初生的太子唐·斐迪南献给胜利之神》等趋炎附势的作品。到了中晚期，他的艺术风格发生了很大的变化。中年时期，他的画风细致稳健，色彩明亮，而到了晚年，他对色彩的运用更加出神入化，画风更加奔放。

威尼斯画派最典型的代表人物当属乔尔乔内。乔尔乔内师承威尼斯画派创始人贝利尼，将老师的画风进一步发扬，加上自己的独创，在构图上追求新颖，他的作品色彩丰富，有明显的明暗变化，将情景与人物和谐地融合在一起，这一画风深深地影响了之后的一些画家。乔尔乔内最著名的代表作是《沉睡的维纳斯》。在这幅作品中，他将人体与大自然和谐统一起来，对维纳斯进行了细致的刻画，她神态松弛而自然，肌肤充满光泽而且身体圆润，摒弃了中世纪那种宗教神秘主义色彩，将维纳斯刻画成一个实实在在的人。观者不仅被维纳斯的形态所深深吸引，还被这幅画的背景所感染。乔尔乔内将维纳斯置于多变的自然之中，山丘、山峦、村落、民宅等都用各种曲线、弧线、折线表现了出来，给人呈现了一场视觉、感官上的饕餮盛宴，但遗憾的是他没有完成这部作品就去世了，剩下的工作由他的师弟提香完成。提香领会了乔尔乔内所要表达的思想，将自然与人物融合起来。正如这幅画展现的那样，维纳斯在如此美好的景色中酣然入睡，不知是维纳斯融入了如此美好的自然当中还是自然进入了维纳斯的梦乡之中。在这部作品中，乔尔乔内将人体美升华成艺术美和生活美，不愧是威尼斯画派盛期的代表人物。

威尼斯画派的最后一个代表人物是丁托莱托，他被称为这一时期美术的“勇敢的捍卫者”。他是威尼斯一个染坊主的儿子，因此有人称他为“小染匠”。他从小就对画画很感兴趣，经常在墙上乱画，父亲便将他送到提香那里系统地学习绘画，但在那里，他并没有展现自

己的绘画才能，而是不服管教，调皮、任性。提香不能忍受这样的学生，就将其赶了出去。丁托莱托因此受到了刺激，决心发愤图强。他将提香和米开朗琪罗的艺术风格结合起来，发挥了提香的色彩优势和米开朗琪罗的构图方法，形成了自己独特的艺术风格。丁托莱托在构图上十分大胆，常常出乎意料，运用色彩的大胆对比，使整幅画充满了动感和激情。他的这种画风的形成固然与他的性格有很大的关系，但也与当时的社会环境密不可分，16世纪下半叶社会动荡不安，经历着激烈的宗教变革，在他的前期作品中充分表现了这种动荡和不安。丁托莱托具有十分强烈的民主思想，被人们称为文艺复兴晚期最后一位人文主义画家，他关注的焦点常常放在那些下层水手、码头苦力等的身上，因而他的画作充满了一种民主主义思想。他的画不但多变而且气势宏大，在他的作品中那种巨幅画作占了相当一部分的比例。晚年的时候，他还创作了宗教画《天堂》，这幅画达197平方米，人们在惊叹他的精湛的画工之外，不得不佩服他旺盛的生命力。此外，他还创作了大量的圣经图，《基督受刑》就是其中最具代表性的一幅，也是最有魄力的一幅。在这幅画的中央是一个十字架，十字架下是正在准备受刑的基督，圣母玛利亚和众多信徒哭着跪倒在十字架的旁边，而另一边是正准备施刑的两个恶徒，整幅画笼罩在一种神秘的光环之下，使整幅画具有了动感，充满了强烈的戏剧效果。

文艺复兴在意大利的慢慢消失也意味着威尼斯画派大限的到来，但还有一些人继续坚持着创作，委罗内赛就是其中的代表之一。他的

《基督受刑》

父亲是一位雕刻家，从小他便受艺术的熏陶，后来父亲将他送到了当时著名的绘画家安东尼奥·巴底勃那里学习绘画，之后他到了威尼斯并且在那里度过了他的一生。在威尼斯他主要是为教堂、宫廷贵族、商人服务，绘制壁画，这些壁画大都是以神话、寓言作为创作的素材，他将明亮的颜色运用于画作当中，使他的画充满了诗一般的色彩。

从早期的严谨到盛期的自然真实再到晚期追求色彩的画风，文艺复兴时期美术的三个阶段也代表了文艺复兴各个时期的艺术风格。从晚期的美术可以看出当时的社会风气及整体的艺术风格，当时整个意大利要么陷入了战乱，要么沉迷于最后的狂欢之中，所以不同地方的画作呈现出了不同的风格，但不可否认的是，文艺复兴在意大利慢慢地消失了。

文艺复兴之火的延续

文艺复兴在意大利慢慢消失，但在欧洲各国却陆续生根、发芽。由于各国的政治、经济不同，所以在这些国家，文艺复兴的发展与在意大利有很大的不同。可以说，这是意大利文艺复兴的延续。

文艺复兴对这些国家的影响主要表现在美术方面。由于地理、历史、民俗传统的差异，这些国家的美术深受中世纪哥特式艺术传统的影响，具有十分浓厚的宗教气息。文艺复兴在这些国家兴起之后，绘画的世俗气息有所增加，虽然它们还是缺少意大利绘画中那种磅礴的气势，但在尼德兰、德国、法国、西班牙等国，绘画艺术得到了迅速的发展。

提到尼德兰，人们可能会觉得陌生，那时的尼德兰主要包括今天的荷兰、比利时、卢森堡和法国东北部。尼德兰原意是“低凹的土地”。这里与意大利一样具有便利的海陆位置，濒临北海，又居于莱茵河入海口，因此是北方城市的重要交通枢纽。航运和毛织业的繁荣使得这一地区资本主义迅速发展，但由于外国势力的长期控制，这一地区的民族灾难不断。14世纪初，尼德兰被划分在勃良第公国管辖区域，之后又被纳入西班牙哈布斯堡王朝的统治范围内，就这样，内忧外患加上封建君主统治，使得这个地区经济发展严重滞后。尼德兰美术的发展最初与法国密不可分，14世纪，很多尼德兰画师受聘于法国王室，他们将自己国家的美术风格带到了法国，同时也接触到了在法

国流行的意大利的美术风格。百年战争的失利使得勃良第首府不得不迁都佛兰德斯，这使得尼德兰美术界的文艺复兴悄然兴起，佛兰德斯成为尼德兰画家活动的主要地区。他们用自己的画笔、刻刀装饰着这个城市的教堂、市政建筑及宫廷，但连年的战争，使得许多建筑在战火中付之一炬。

《摩西井》，大理石雕刻，人物高约180厘米

14世纪末，尼德兰最著名的雕刻家是斯吕特，由于现存资料较少，他的生平及创作无法考证，但他给世人留下了不朽的雕刻——《摩西井》，这是一个巨大的十字架的底座，共六面，且每面都有比真人还高的雕像，摩西、赛亚、大卫都被斯吕特刻画得栩栩如生。这些雕像线条流畅，形体健壮，且艺术手法简洁，成为尼德兰雕刻史上不朽的巨作。它对尼德兰的绘画产生了深刻的影响。与雕刻同时发展的还有绘画，而绘画界最初的奠基人是凡·埃克兄弟，他们最著名的画作是《根特祭坛画》，它可以称得上是尼德兰文艺复兴早期最著名的画作，这幅画是由他们兄弟两人合作完成的。1415年，胡伯特·凡·埃克开始创作这幅画，但不幸的是他没有画完就去世了，于是这幅画由

他的弟弟扬·凡·埃克接着完成。这幅画也是宗教题材，是一幅多翼式祭坛画，分为上下两端，左右两翼，其中最精彩的是《羔羊的颂赞》。这幅画有着丰富的色彩和细致的描写，着重表现了人们对于现实世界的肯定。每当节日礼拜，尼德兰人都会展示这幅画作，随着音乐响起，12幅画徐徐展现在人们面前的时候，观看者的那种激动难以言喻。虽然几百年过去了，但这幅画光彩依旧，这也是时间对他们两兄弟绘画技艺的肯定。扬·凡·埃克不仅是一个绘画家，还精通多种学科，对几何学和化学都很有研究。他在前人绘画经验的基础上，对绘画染料进行了改进，发明了一种新的调色油，这种调色油不但使颜色容易混合，色彩透亮，而且层层敷设，使整幅画运笔自如，将油画的优点进一步发扬光大。

《根特祭坛画》（局部）

扬·凡·埃克曾为阿尔诺芬尼夫妇作画，画了一幅《阿尔诺芬尼夫妇像》。这幅画表现了朋友前来拜访时的情景，阿尔诺芬尼携妻子迎接客人。画家将室内的景物也详尽地画了出来：蜡烛、扫帚、念珠、水果等。画家还独具匠心地用镜子来扩大室内空间，从镜子中我们又看到了除夫妻外的其余两人，其中一人就是扬·凡·埃克。这幅

画以独特的细节处理和细致的刻画成为欧洲肖像画的精品。尼德兰的画家十分注重对细节的描绘。在尼德兰的美术发展史上，极少有直接描写神话爱情故事的及对人体赞美的，他们的创作灵感大都来自于圣经故事等，人物有时会略显呆板，人体常常缺乏丰盈感。

《阿尔诺芬尼夫妇像》

当尼德兰南部地区的美术发展进入繁荣期时，北方也不甘落后，形成了以布茨和盖尔特根为代表的北方画派。他们的画作充满了对自然、生活的淳朴的向往，这与意大利文艺复兴盛期的画派颇为相似。布茨也曾创作过一幅《最后的晚餐》，这比达·芬奇要早300年，但却没有取得像达·芬奇那样的成就。在画中他运用了透视与光影这一效果，他的画注重明暗对比，对整个17世纪荷兰的绘画都有很大的影响。

在埃克兄弟之后，尼德兰南部较有影响力的画家是古斯。他是一名传教士，因此其作品大多是以宗教题材为主的。他最著名的作品是《牧人来拜》，向人们展示了一幅圣母、约翰、天使及牧人礼拜圣婴的画面。与他同时期的还有汉斯·梅姆林，他的画作以抒情柔美为主，《圣乌尔苏拉遗物匣》是他比较得意的作品，其创作对北方的画家影响比较大。

16世纪，美术界摒弃了15世纪那种平和的画风，转向一种新的画风。此时的尼德兰也经历着宗教改革，人文主义者站出来抨击教会的腐朽堕落，如美术界的包西、老勃鲁盖尔。包西出身于艺术世家，他摒弃了尼德兰传统绘画中那种虔诚、肃穆的宗教气息，创造出了叛逆而又让人眼花缭乱的寓意性画作。当时尼德兰著名的人文主义者伊拉斯谟写了一本抨击教会伪善和愚昧的书《愚人颂》，包西从这部书中感受到了浓厚的人文主义气息，并在自己的作品中积极响应，抨击了教会的种种恶行。他采用了那种寓言或者幻想的形象来描绘民间故事，让观者很难从他的作品中体会整幅画的画意。希罗尼穆师·博斯创作了一幅《圣安东尼的诱惑》，从这幅画中可以看出他的绘画天赋。他通过魔鬼诱惑安东尼的情景，讽刺了教会的腐朽堕落及教士的荒淫无度。他将世间的一切都作为他画作中虚幻世界的题材，这同现在的荒诞派创作颇为相似。16世纪下半叶，尼德兰的资产阶级革命方兴未艾，出现了一位具有鲜明个性的画家——老勃鲁盖尔。他非常喜欢民间传统，在自己的作品中多有表现。他曾在意大利游历过两年，接触到了意大利古代及现代画家的画

《圣安东尼的诱惑》

作，受益匪浅。他的创作主要以寓言画为主，在某些画法上受到了包西的影响，并在画作中融入了尼德兰民间化的现实因素，将自己熟悉的农村生活和自然环境描绘了出来，因此被人们称为“农民勃鲁盖尔”。尼德兰的文艺复兴到勃鲁盖尔宣告结束。16世纪之后，尼德兰的政治格局发生了变化，南北两个地区的美术朝着不同的方向发展着。

德国的美术发展明显滞后于意大利和尼德兰，其美术发端于15世纪，当时的德国同尼德兰有着相似的遭遇，长期的封建割据，王室力量衰微，对城市的保护力度不够，哥特式的艺术风格占据明显的地位。但文艺复兴的浪潮还是波及了德国，15世纪初至16世纪中期出现了以一些发达城市为中心的美术流派。在文艺复兴初期，德国的绘画和雕刻仍受哥特式美术的影响，宗教祭坛画仍占据着创作的主要地位，这些画大都安放在教堂中，以增加教堂的庄严气氛。从15世纪中期开始，多数画家都开始关注人们的现实生活，描绘真实的自然，强调人物造型的真实感，维茨就是这方面的代表。他的代表作《基督踏海》虽然仍然是宗教题材，但在画中他却描绘了博登湖的景色，整幅画十分真实自然。他的创作影响了后来的艺术家，成为德国文艺复兴的先驱。

文艺复兴时期德国美术界最为突出的就是版画，这对欧洲美术界形成了积极的影响。施恩告尔和丢勒是这方面的典型代表。丢勒小的时候跟随父亲学习金银器制作，后来又到画坊学习绘画，他涉猎广泛，在绘画、版画界影响力都很大，以至于德国将他所处的时代称为“丢勒时代”。他曾两次游历意大利，在此期间，他接触到了意大利美术家们的作品，深受启发，并在自己的作品中融入了他们的风格。他的作品以气质不凡著称，从中可以看出德意志的坚实、缜密、严肃的特点。他最擅长的是版画。在中世纪圣经木板画的风格的基础之上，他融入了解剖学和透视法，使原先呆板的板画呈现出明暗变化和空间层次感，使板画的影响力大大增加。木板组画《启示录》是他最著名的作品，其中《四骑士》将人们对死亡、贫困和瘟疫的恐惧刻画出来，委婉地表达出了人们反宗教的情绪，显示了高超的艺术技艺。他的油画创作吸收了威尼斯画派的绘画技艺，注重色彩的同时又保持了德国严肃的风格，整个油画气势恢弘，严谨不做作。

晚年时，丢勒为自己的家乡创作了一幅《四使徒》，这是他最重要的作品之一。他依次画了约翰、彼得、马可和保罗，他还请人在自己的画作下面写了长长的题记，让人们时刻铭记四使徒的忠告。当时德国的宗教改革运动使整个教派四分五裂，所以这幅画就具有了现实教育意义。在他的所有画作中占重要地位的还有德国人文主义者和资产阶级代表们的肖像，丢勒将他们

丢勒的《四使徒》

刻画或意志坚定、充满自信的强者的形象，《奥斯瓦尔德·克雷尔肖像》是其中的代表作。克雷尔是商界代表，在这幅画中丢勒大胆采用了新式画法，背景用大面积的红色来衬托人物，而克雷尔身体右转，目光向右斜视且炯炯有神，完全是新时代代表者的形象。在整个德国文艺复兴全盛时期，还出现了除丢勒之外的很多美术家，比如格吕内瓦尔德、老克拉纳赫、小荷尔拜因等人，这些人撑起了整个德国文艺复兴的美术界。

百年战争之后，法国收复了被英国侵占的领土，实现了国家统一。在休养生息之后，法国开始了对外扩张。15世纪末至16世纪中期，法国不断向意大利挑起战争，并迅速侵占了意大利的大片领土，这一方面给意大利造成了严重的损失，另一方面却也促使了双方的文化交流，引发了法国的文艺复兴。当时的法国国王法朗梭瓦一世对文艺复兴很感兴趣，制订了一系列措施吸引意大利的艺术家为法国宫廷效力。他想要炫耀自己的功绩，因而建立了代表强大君权的纪念碑式建筑物。现在法国中部的卢瓦尔河谷地还存有这些建筑，从这些建筑可以看出当时的一些风貌。卢瓦尔河谷地可以说是这一时期建筑保存最为完整的地区，因为当时的很多君主包括查理八世、路易十二和法朗梭瓦一世等都在这里建造了大量的府邸、猎场等。现在法国较为出名的建筑舍农索府、尚博尔宫就在这一地区。这一地区的建筑是新时期建筑风格与古老传统的建筑风格相结合的产物，带有开放式庭院、新式的楼梯等，但也保留了中世纪城堡式的建筑风格。

从16世纪30年代起，意大利的艺术家纷纷来到法国，很多人都参加了枫丹白露的建造，这使得法国文艺复兴进入了一个新时期。当时样式主义的代表罗素就来到了法国为王室服务。为了迎合国王的审美趣味，他除了保留将人体拉长的画法之外，更加追求画作的细致、优美。当地的画家和雕刻家在样式主义画派的影响之下逐步形成了“枫丹白露派”。提到法国就不能不提到卢浮宫，虽然卢浮宫在中世纪就已建造完成，但法朗梭瓦一世决定对它进行一系列的整修。建筑师皮埃尔·莱斯科负责设计、建造，虽然他从来没有到过意大利，但对古典建筑有颇多研究，卢浮宫的方形庭院就是他的代表作。他运用了大量的廊柱，精确地考虑了各建筑之间的比例关系，使他的作品很容易使人联想到意大利的建筑风格，加上著名雕刻家古戎的装饰，使卢浮宫高贵华丽，成为世界建筑史上不朽的作品。与建筑相比，法国的绘画和雕刻起步稍晚，15世纪享誉法国的画家富凯是整个法国的骄傲，他获得了路易十一授予的“国王画师”的称号。他的画作虽然很多，但是他有个怪癖，就是不在自己的画作上签名，这就给后人带来了很大的困扰。他的创作范围相当广泛，涉及油画、细密面、珐琅制品和素描等，他在《圣母子》中将圣母刻画成查理七世的情妇，她头戴皇冠，显得雍容华贵，使得世俗气息代替了宗教意味。他是法国绘画史上划时代的人物，影响了整个法国的绘画界。

在整个西欧地区，文艺复兴开始最晚的是英国。牛津大学曾成立过一个著名的人文主义小组，也就是从那时起，英国的文艺复兴才

开始慢慢兴起，人文主义思想才开始传播。他们成立这个小组主要是介绍和讨论但丁、彼特拉克、薄伽丘这些比较有影响的人的作品。小组的核心人物是科雷特，他曾去过意大利，在那里接触了古典文化、学习过希腊文。他在牛津校内举办了名叫“保罗书简”的专题讲座，轰动了整个英国。不久他继承了父亲的遗产，开设了一所名为圣保罗的中等学校，这是一所独立于教会的学校，专门讲授人文主义者的作品。科雷特除了传播人文主义思想之外，还提倡宗教革新。在文艺复兴期间，出现了一个轰动世界的戏剧家——莎士比亚，即使到现在人们依然对他的作品津津乐道。莎士比亚所在的时期正是伊丽莎白一世统治的全盛时期，也正好处在封建社会向资本主义转变的时期，这个经历对莎士比亚来说很难得，他亲眼目睹了封建势力的腐朽堕落，用手中的笔写出了一部部反映人民疾苦、歌颂个性解放的作品，比如现在大家耳熟能详的《罗密欧与朱丽叶》《哈姆雷特》《李尔王》《麦克白》等。

文艺复兴不仅给这些国家注入了艺术的生命力，还给他们带来了政治、经济上的变革。人文主义的传播使这些国家的人民感受到了自身的力量，开始注重个人的发展，进而促进了整个国家的发展。

第二章 文艺复兴的影响与魅力

文艺复兴的意义

今天的史学家是这样定义文艺复兴的：早期的资产阶级为反对封建教会的统治以复兴古希腊、古罗马文化为旗帜，发起的一场资产阶级运动。封建教会的长期束缚使资本主义发展举步维艰，为了加速发展，他们只好以一种人们可以接受的方式为资本主义发展扫清障碍，在前进的进程中也促进了人文思想的传播，解放、发展了个人，这也是资产阶级所期望的。

作为一场弘扬资产阶级文化的革命，文艺复兴在传播过程中必然会为资本主义的萌芽奠定基础，为资本主义的发展扫除障碍。它加速了资本主义的原始积累，为资本主义的发展奠定了物质基础。这也是英国、法国等国积极进行对外扩张，掠夺他国财富的原因。文艺复兴发轫于意大利并慢慢影响其他各国，使这些国家迅速积累了大量财富。意大利的罗马、佛罗伦萨、威尼斯工商业发展迅速，新兴资产阶级将资本收入囊中，同时，资产阶级积极开辟新航路，进行宗教改革，这些都为资本主义的发展提供了条件。文艺复兴还将人从封建教会的束缚中解放出来。起初人们没有大张旗鼓地进行反教会的斗争，

而是在宗教外衣的保护之下寻求自我发展的可能性，后来人们才慢慢地意识到可以脱离宗教单独存在，而且在人文主义者的倡导之下，人们开始尊重个人价值、重视人性。

文艺复兴不仅使意大利的历史发生了转折，还使人类整个历史也发生了转变。文艺复兴从意大利发展到其他国家，再从其他国家传播到世界其他地区。它使资产阶级从文化界的斗争，进而转到政治、经济的斗争中。简而言之，它是一场资产阶级的思想解放运动。对于文艺复兴在历史上的作用，恩格斯曾经给予高度评价，他认为文艺复兴是人类历史发展过程中最伟大、最进步的变革，是一个需要巨人及不断产生巨人的革命。人文主义者在性格、能力及革命热情方面都表现出了巨大的能量，这个时代充满了多才多艺且知识渊博的巨人。文艺复兴最大的贡献是对人的发现。在中世纪封建教条的影响之下，人们理想中的“人”应该是谦卑、忍耐、无所作为的，人在神面前是渺小的。而文艺复兴发现了人的价值及人的能力，肯定了人的创造力，突出了个性解放、个人自由。人文主义者无时无刻不在提醒着人们：作为人应该充分发挥自己的聪明才智、想象力及创造力。人们应该摒弃那种庸庸碌碌的生活态度，而是去积极冒险。人文主义者还用自己手中的笔或者刻刀提醒人们重视现实世界，不要将希望寄托于来世或者是天堂，要大胆地追求物质上的幸福，将人们从宗教禁欲主义的束缚中解救出来。在文学上表现为反对矫揉造作的文风，表达人的真实情感，其中最具代表性的作品就是彼特拉克的《歌集》及薄伽丘的《十

日谈》。在中世纪没有真正的科学，人们迷信先验论，根据自己的经验决定事物的发展轨迹，而在文艺复兴的大背景之下，人们注重从科学实验中得出结论，而且在道德上提倡放纵，反对人的自我禁锢，将财富累积和事业的成功纳入“公民道德”当中，并且提倡“及时行乐”，将人日渐膨胀的求知欲与探究精神同追求现实的乐观精神结合起来，挣脱中世纪的桎梏，而资产阶级正是以这种精神进入了近代资本主义世界。

文艺复兴要反对的主要是宗教的束缚，它打破了宗教对世人的束缚，推动了宗教改革运动，使这一运动成为文艺复兴的重要动力之一。当时由于人文主义者的宣扬及面对瘟疫教会的无能为力，让人们对教会产生了怀疑的情绪，而在整个文艺复兴中人文主义者不断地揭露教会的黑暗与腐朽。在哲学方面打破了经院哲学一统天下的局面，为人们的思想扫清了障碍，各种世俗哲学悄然兴起，最著名的代表就是马基雅维利，他提出了“民治”这种全新的统治方法，缓解了君主同人民的关系。人文主义者要为文艺复兴扫清障碍，必然要与封建教会和封建贵族阶级抗衡。封建教会和封建贵族阶级长期享有社会特权，是资本主义发展道路上的“蛀虫”，资产阶级无不想除之而后快。封建特权在中世纪被视为天经地义，而人文主义者就是要打破这种天经地义，使阶级的天平重新倾向平民的一边，或者更准确地说，偏向于资产阶级的一边。文艺复兴期间，个人的才能、金钱取代了出生门第，那些出身平民的人也能成为社会的上层。提起“知识就是力

量”这句话大多数人都不会陌生，这句话也是在这一时期提出的。虽然这一时期的哲学成就不高，但还是废除了经院哲学，人们开始相信自己的眼睛和头脑，科学实验成了知识的来源，这种求实的科学精神为17至19世纪的自然科学打下了坚实的基础。而且这一时期产生了意大利艺术发展史上的巅峰之作，很多艺术奇迹就是在这一时期创造的。艺术家们从中世纪那种令人窒息的艺术氛围中解放出来，将圣母拉回了人间，让她成为人间妇女的代表，绘画、雕刻开始展现人体美、开始关注现实的人与事，而且将解剖与透视法同现世艺术相结合，成为欧洲现实主义艺术手法的发端。

除了在思想方面加大宣传之外，人文主义者还积极培养人才，注重选拔人才，在教育界进行了一次反封建的革命，反对僧侣教育，追求人格和身心的和谐发展。随着资本主义的发展，资产阶级需要的不再是僧侣而是能够活跃在政治、经济、社会领域的人才。人文主义教育家认为，教育的目的就是要促进受教育者各方面的发展，因而人文主义教育者注重培养儿童身心各方面的发展，除了教授他们基本技能之外，还教授他们待人接物的礼仪，以使学生在踏上社会之后能够做出同自己阶级相符的行为，同时还废除了体罚制度，因为这样做有利于学生的身心健康发展。在教育内容上用“人道”代替“神道”，为了满足资本主义发展的需要，要求学生学习七艺，包括文法、修辞学、辩证法、算术、几何、天文学和音乐理论，此外还要求学生要有自主学习的精神，反对强记硬背。无论是从教育理念还是教育方法、教育内容上，都深深影响了文艺复兴之后教育事业的发展，而且这一时期创建的很多大学都成了现在的知名学府。

但凡事都有利有弊，文艺复兴也不例外，比如教育，虽然人文主义教育者提出了在现在看来都是比较先进的教育理念，但应该指出的是，这一时期的教育实践明显落后于教育理念，那些改革措施只是在少数的人文主义教育者的教学过程中被应用，在很多普通的学校，还是存在死记硬背及体罚的现象。而且人文主义的教育体系也不是毫无缺点的。众所周知，文艺复兴崇尚古希腊、古罗马的文化，但在教育实践过程中，很多教育家过分地想从古希腊、古罗马文化中汲取能量，结果导致崇古的风尚占了上风，学生在学习古籍的过程中，一味地模仿、鄙视当代那种实用的学问，使得古典文化泛滥成灾，使得很多年轻人埋首故纸堆。而在整个文艺复兴过程中，过分强调人的价值使得个人私欲膨胀，人们过分追求物质享受和肉欲的满足，带来了很多不利的影响。

尽管有这样、那样的不足，但不可否认的是文艺复兴在历史上的作用。正是有了文艺复兴才使得整个欧洲的资本主义发展少走了很多弯路，得以顺利地向前发展，而欧洲资本主义的发展则推动了整个世界历史发展的进程，所以说，文艺复兴不只是意大利的，也是世界的。

文艺复兴与中国

新兴资产阶级为了反对封建教会的统治，率先在思想领域发起了一场复兴古希腊、古罗马文化的运动，但人文主义者除了发扬希腊、罗马的文化之外，也积极吸收伊斯兰文明、印度的佛教文明和中国文明中的文化因素。文艺复兴期间正值中国的元末明初，当时的皇帝都实行了较为开明的对外政策，所以与国外的交流较多。中国的四大发明——造纸术、活字印刷术、指南针和火药，不仅是中国历史上的伟大发明，也对世界文明做出了杰出贡献，当中国的四大发明在欧洲慢慢传播时，深深影响了文艺复兴的进程。

蔡伦雕像

我国古代，书写的材料不断地改进，从结绳到甲骨再到木简，虽然书写越来越方便，但这些材料运输起来实在是太困难，给人们的出行带来极大的不便，而且这些材料不是普通老百姓能够接触到的，因而大大影响了文化的传播。东汉时期，蔡伦发明了一种新的书写材料——纸。他与工匠们一起将树皮、破布等经过一系列的工序将其中的油脂、果胶等杂质去掉，弄成糊状置于纸模，晒干后便成了纸张。现在的造纸工序非常简单，但蔡伦却经过了长期的摸索，花费了大量的精力才找到了这个方法。纸的发明在中国形成了一场革命。由于纸张取材广泛、易于书写、价格便宜，解决了人们出行时需要携带大量木简的不便，同时也促进了文化的发展。纸张开始代替木简、丝帛盛行起来，与中国临近的国家如日本、朝鲜等国相继受到影响。公元8世纪，中国的造纸匠将造纸术传到了阿拉伯国家，继而又传到了君士坦丁堡。而在欧洲，中国的造纸术是经过阿拉伯、埃及、西班牙这条路径传入的，也就是中国的造纸术并不是直接传入欧洲而是经过了很多国家，但造纸术一经传入便迅速传播开来，带动了一场书写革命，在一定程度上加速了文艺复兴的发生。中国长期分裂混战的局面在宋朝时期得到了改变，宋王朝统一了中国，实现了管辖区域内的稳定，经济、社会逐渐走上了平稳发展的道路，这大大利于科学技术的发展。在活字印刷术发明之前，一直使用的是雕版印刷术。雕版印刷不但费时而且费力，在印刷之前工人必须将要用的字先刻出来，有的时候一版只能用一次，没有的字还需要重新再刻，虽然这种印刷术在一定程度上将人们从烦琐的手抄中解放了出来，但似乎印刷界还需要一场革命来改变它带来的不便。于是毕昇就在前人的基础上发明了活字印刷术，大大促进了文化的传播和各民族之间的交流。而中国的活字印刷术也在传入了西夏和回鹘之后经过东西两路传到了世界其他各国，其中西路经过丝绸之路传到了欧洲各国。13世纪末，马可·波罗来到中国，将雕版印刷术带回了欧洲，当文艺复兴在意大利悄然兴起的时候，中国正值元末明初，这一时期

的印刷术迅速发展，而且这一时期中国与中亚和欧洲很多国家都交流频繁，各国的传教士、商人、来访的官员都成了信息的输送者，这也使得印刷术的西传成为可能。印刷术传到意大利之后，意大利的印刷业迅速发展起来，大量书籍的印刷，使人们能够广泛接触人文主义思想，帮助人们迅速摆脱封建礼教的束缚，改变了只有僧侣教士才能识字和接受教育的状况，扩大了文艺复兴在意大利的影响。应该说没有造纸术、印刷术，意大利的文艺复兴就不会这么快地发生、发展，这是一场必然的革命，但这两项技术将这场革命提前了。

造纸术、印刷术的发明让人们告别了愚昧，而火药的发明则帮助资产阶级更加迅速地完成了资本的原始累积。宋朝之前火药主要是用来炼丹的，而在宋朝之后火药迅速被应用于军事方面。火药从道家的炼丹炉中解放出来，加速了人类历史的进程。宋太祖时期，兵部令史冯继升曾建议宋太祖将火箭运用于军事上。宋攻打南唐时，就用上了火箭和火箭炮，开始了人类战斗史上冷兵器与热兵器并用的时代，而这一技术是通过阿拉伯向西方传播的。13世纪下半叶，欧洲的知识分子了解到了关于火药的知识，14世纪初才将其应用到战场中。火药的传入使原来的封建贵族失去了保护。之前，他们为了防止民众的反抗修建了坚固的城堡，骑士穿上了厚重的铠甲，这样封建贵族可谓是无坚不摧、所向无敌，所以才能横行欧洲如此之久。但火药的发明改变了这一局面，人们用火炮将封建主的城墙摧毁，而市民的子弹又射穿了骑士的铠甲，这样封建贵族的势力迅速被瓦解。但是很快欧洲国家将火炮装在了船上，成了它们侵略他国的有力武器。欧洲各国对其他国家的侵略给被侵略国留下了深深的伤痛。它们能够在茫茫的大海中发现这些国家全得益于指南针的发明。其实中国早在公元前3世纪就发现了磁铁的奥秘。对磁铁的研究经历了两大阶段——天然磁铁阶段和人工磁铁阶段，当人类走入了人工磁铁阶段，指南针应运而生。宋代指南针被广泛运用于航海，使整个航海事业极其发达，对外交往密切，当时很多阿拉伯人都与中国有着密切的贸易往来，使他们有机会将指南针传到阿拉伯国家继而再传到欧洲。大约15世纪，欧洲人将指南针运用于航海，使其可以在茫茫大海中找到方向，不至于迷路，这样就缩短了海上航行路线，为新航路的开辟奠定了基础。对于意大利来说，方便了他们进行海外贸易，建立殖民地，加速了资本的原始累积。可以说没有中国的指南针，就没有近代如此发达的航运。火药、指南针、印刷术在意大利文艺复兴进程中发挥着不小的作用，印刷术加速了人文思想的传播，打破了教会对教育的垄断地位，使人们认识

汉代造纸流程图

到了自身的价值，从封建教会的束缚中解放出来；火药使封建贵族失去了原来的保障，使骑士阶层迅速瓦解；指南针加速了资本的原始累积，为意大利开辟了广大的殖民地。没有中国的四大发明，欧洲的文艺复兴和新航路的开辟不知要晚上多少年。

除了这四大发明之外，中国的丝绸、瓷器也深深影响了文艺复兴。早在罗马帝国时期，中国就与之有着密切的贸易往来，中国的丝绸也就是在那一时期传入了意大利。7世纪时，虽然穆斯林切断了东西方贸易往来的通道，但“丝绸之路”依然在发挥着作用。12世纪，十字军东征打开了东西交往通道，为意大利与东方的贸易往来与扩张准备了条件，威尼斯作为十字军的军需供应站，累积了大量的财富，整个威尼斯得以迅速发展。在发展欧洲市场的同时，他们还积极开拓东方市场，显示出了他们的野心。影响东西方交往进程的最重要的因素是一本书的出现，那就是《马可·波罗游记》。当时马可·波罗游历到中国，写成了一本详尽描叙中国文化、历史和艺术的著作，将中国描绘成一个神奇的东方国度，仿佛中国遍地都是黄金，人们用丝绸保护树木，百姓穿的都是绫罗绸缎。这本书大大刺激了包括意大利在内的很多欧洲国家征服中国的欲望，同时也影响了欧洲科技的发展。意大利商人的精明能干是出了名的，早在13世纪他们就看到了中国的丝绸在意大利的市场，他们将中国的花鸟、飞禽、山水、假山等一系列的图案加入丝绸织造中，这样不仅点缀了意大利人的生活，而且对盛期那种现实主义的画风影响也较大。意大利文艺复兴后期的重要

画派——威尼斯画派，也深受中国画风的影响。

13—15世纪时，由于深受中国游记的影响，意大利的作家开始慢慢采用现实主义的手法描绘东方人的形象，于是在乔托、杜乔、洛伦采蒂、安德烈亚等人的画作中出现了一些东方人的形象。当时很多艺术家都热衷于收藏中国的瓷器，这些瓷器潜移默化地影响了他们的创作风格。就连达·芬奇都对神秘的东方很感兴趣，他游历时最远的地方到达过欧洲与印度交接处，在他的游历笔记中也曾提到关于中国的风土民情。16世纪时，虽然意大利的文艺复兴在走下坡路，但还保持着和中国直接或者间接的贸易联系，而且还进行着文化交流。

当意大利的文艺复兴消失400年之后，在中国兴起了一场中国式的“文艺复兴”，只不过这一复兴并不是复兴中国的古老的文化，而是西方资本主义文化。当时的中国外有列强欺辱，内有腐朽的封建统治，民生凋敝，于是中国的知识分子以强烈的民族责任感在文化界发起了一场具有资本主义性质的“新文化运动”。当时的中国没有多少先进思想可以借鉴，于是他们将眼光放到了国外。当时的资本主义经过一战之后迅速发展，不论是政治上还是经济上都超过了中国。于是这些先进知识分子决定选择比封建思想更先进的资本主义思想作为拯救国家的武器。在新文化运动中，他们首先提倡科学与民主，反对愚昧与专制，他们认为要改变中国国民愚昧的劣根性就必须依靠民主与科学，向一切封建思想作斗争。他们还提倡新文化与新道德，反对一切旧礼教与旧道德，对封建伦理道德进行了最激烈的抗争。从内容上

看，新文化运动的指导思想与文艺复兴的“人文主义”思想极其相似。人文主义者也想摆脱封建教会的统治，在政治、经济上为资本主义的发展扫清道路，鼓励人们冲破封建教会的束缚，用人文主义的思想代替封建礼教思想，提倡人性，反对教会的禁欲主义和来世思想，为资本主义的发展创造了一个自由的环境，并且努力建造一个公正、进步的社会，这与新文化运动有着异曲同工之妙。文艺复兴首先在文化界进行了一场反对封建教会的运动，并迅速扩展到经济与政治领域，人文主义者所要做的就是在资本主义兴起之前做好思想准备，而新文化运动是辛亥革命思想的一个延续，为新思想与新文化开辟了新的道路，为五四运动积聚了广泛的群众力量和思想力量。这两场革命都引发了不小的轰动，文艺复兴在意大利发生之后引发了尼德兰及英法等国的文艺复兴，而新文化运动期间也发生了“五四运动”。但它们也存在着局限性，都是仅靠社会上层或者是少数知识分子在社会上大声疾呼而不去真正发动群众。

无论是近代还是现代，意大利都与中国有着解不开的缘分。由于两个国家相距较远，中国文化的影响并不像希腊、罗马文化对意大利那样深远，但不论是四大发明还是中国的丝绸、瓷器都对意大利的文艺复兴有着或大或小的影响，应该说中国的文化进一步推动了意大利文艺复兴的发生、发展。为了加速资本原始累积，意大利等欧洲各国将中国变成了殖民地，促进了世界文化的交流，意大利及其他欧洲国家的文化也是这一时期开始在中国广泛传播，并促进了中国文化的发

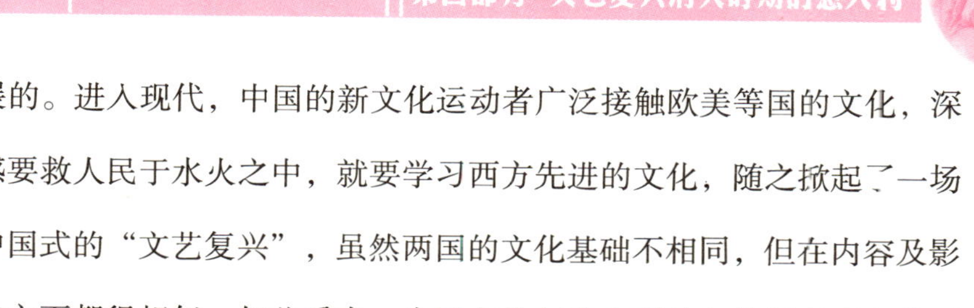

展的。进入现代，中国的新文化运动者广泛接触欧美等国的文化，深感要救人民于水火之中，就要学习西方先进的文化，随之掀起了一场中国式的“文艺复兴”，虽然两国的文化基础不相同，但在内容及影响方面都很相似，如此看来，中国文化与意大利的文艺复兴真有着不解之缘。